# にっぽんの子ども食

62品の季節のレシピつき

沙和花
Sawaka

## 作る前に

- 「加熱する」とある場合、特に断りのない限り、加熱時間は沸騰してからの時間を示しています。
- 「水溶き片栗粉」は片栗粉１に対して水１強の割合で合わせて作ります。
- 「米の洗い方」について。昔と違って最近では精米も衛生的。米を「研ぐ」必要はないと思います。本書では米をざるに入れ、揺すりながら流水にあてて汚れを洗い流し（研がない）、そのまま15分ほど水気を切って炊飯します。いまの炊飯器は浸漬時間も考慮され、水気を切ったらすぐに炊飯器にセットできます。ただし、鍋で炊く場合は15～20分の浸漬が必要です。
- 「米油」について。サラダ油は遺伝子組換えの原料で製造されているものがあるようで、比較的安全で価格も手が届きやすい油＝米油と考え、使っています。
- 「きび糖」と「甜菜糖」について。甜菜糖には体を温める効果が、きび糖には冷ます効果があり、使い分けています。
- 料理名の後に入れた「マーク」については以下の意味があります。

…お弁当に最適。
…できたものを冷凍可能。
…大量につくって冷蔵庫などで保存可能。

## 本書で使う調味料について

だし醤油
醤油に出汁を合わせたもので、一般に「麺つゆ」などとして市販されている調味料を指します。私は、本醸造醤油に天然出汁を合わせた鎌田醤油の「だし醤油」を愛用。

白だし醤油
出汁に白醤油、糖などを合わせた白醤油の加工品。安価なものほど添加物が多い傾向にあるので、商品表示をよく確認して購入した方がよいでしょう。私は、鰹枯節、鮪節、乾し椎茸、水飴などと有機白醤油を使った七福醸造の「特選料亭白だし」を愛用。
茹でた野菜などの下味つけなどにほんの少し使うと、味の奥行きが出てひと味違ってきます。

寿司酢
酢：砂糖：塩を50cc：大さじ5：小さじ１の比率で合わせます。
市販品を使ってもよいでしょう。

甘酢
酢に出汁や塩、糖など合わせた市販の調味酢のことです。各社から多種商品化されていて、甘すぎるものもあるのでいろいろ試して選ぶとよいでしょう。酢の物や寿司の具材などの下味つけに少量使うとおいしくなります。

# 日本のよき伝統を伝えたい

伝統的な日本の食育は、稲作からはじまっているといっても過言ではありません。米は多くの人と力を合わせなければ収穫することがむずかしく、各家庭で子どもの頃からそのすべを教えていくことは、生き抜く力をつけることに繋がる大事な教育の一つでした。

家族という小さな社会で食卓を囲み会話する中で、節理や常識、人としての美意識、人生をのり越えていく知恵、生きるために必要である健全な食生活の基本などを学びました。それらは社会に適応し、活躍しやすく、明るく前向きにとり組める力の基盤となる「しつけ」(食育)でもありました。「しつけ」というと厳しいように感じるかもしれませんが、身を美しくと書いて「躾」です。

日本では、家族の体調に合わせた料理を作り食卓を囲む温かい習慣が受け継がれてきました。そのよき習慣を、次の世代にも繋げることを願い、大人から子どもまで楽しめるレシピと共にご紹介致します。参考にしていただけましたら幸いです。私の子育てを棚に上げ、日本の食育をお伝えする機会を頂戴することをお許し下さい。

沙和花

# 目次

にっぽんの子ども食
―― 62品の季節のレシピつき

# 1章

## 人生を豊かにする食育 十の知恵

食を通じて、生きていくうえで大切なことを学ぶことはたくさんあります。

どのように食べる時間を重ねていくのかは重要で、一つひとつ小さなことに気を配ることで、やがて人生における豊かさ、喜びが違ってくることでしょう。

日々の小さなことはすべて、将来の大きなことに繋がっていきます。

# 一

# 食べることは楽しい

## ― 幸せな記憶が幸せを呼ぶ

食べることを、楽しんでいますか？

現代ではあたりまえのように食べられるようになりましたが、豊かに食べられるようになったのは戦後からでしょうか。ただ食べられること自体が、幸せだった時代もあったのです。

大昔、食べ物のことを「薬」と呼んだ時代があったとか。食べることで元気になるので「薬」なのでしょう。忙しい現代で、毎回楽しんで栄養のある食事ができる人は少ないのかもしれません。だからこそ、食べることの楽しさを意識してほしいのです。

食事は1日3回あります。そのつど、「おいしいね」といい合いながら食べる食卓に憧れます。おいしい食べ物を「おいしいね。おいしいね」と口に出していい合い共感することで、よりおいしく楽しく感じることはありませんか？喜びを声に出していうと、耳からも入ってきて喜びが重なり、より大きな喜びになるのです。

体を元気にする食事を温かい気持ちを持った人と一緒にいただくこと、そして、自分も相手も心地よく、お腹も気持ちも満たされる食卓は楽しく、喜びです。こういう小さな喜び（幸せ）が、大きな喜び（幸せ）へと繋がっていくことはたくさんあるでしょう。

# 二

## 物事にはすべて順序がある

物事には順序があることを自然から学ぶことがあります。

たとえば、地面から芽が出る→成長して、花が咲く→花が散り、実が成る→実（種）が落ち、再生するといった具合です。種からいきなり実が成ることはないというのが自然の法則、順序なのです。膨大な時間の中、植物が生きていくためによりよい方向へと環境に適応してきた結果であり、そこには意味があります。この法則はあらゆる物事に共通します。

楽譜は左から右へ譜面を読み、順番に音を奏でていくことで演奏できます。長年引き継がれてきた所作にも意味があり、理屈抜きにそんな順序やルールに身をゆだねることで、所作もステップアップしてきたのではないでしょうか。

同様に夢を叶えるには、夢に向かって一つひとつ段階を踏んでいく必要があります。

物事の順序を受け入れて生きるには、「我」を抑え、根気よく従う必要があるでしょう。

日に三度もある食事の中で、あたりまえのように順序があることに慣れる訓練をしていくのもよいのではないでしょうか。日本の食事では、初めに汁物を口にする決まりです。これは胃を労わることが理由の一つです。とはいえ、主菜から食べたからといって腹痛になるわけではありません。矛盾はあるかもしれませんが、それを受け入れることも一つの訓練にもなると思います。

ほかに、箸の持ち方が人と違っても食べることはできますが、決められた通りにすることで道具をより合理的に美しく扱うことができるでしょう。

箸は箸置きに置く、ご飯茶碗は左手で持って食べるなど、一つひとつ確実に順序よく所作を身につけることを訓練しましょう。きちんとできることは自信にも繋がります。

# 三

# 整理整頓力を育てる

整理整頓力はどのように身につけるのでしょうか。

自分が整理整頓を意識したのは、子どもの頃の道具箱の中や机の中を整理した時からです。少し大きくなると自分の部屋をもらう子どももいるでしょう。整理整頓する空間はどんどん大きくなっていきます。机の中が乱雑になっている子どもに大きな部屋を整理整頓できるのでしょうか。

整理整頓のひとつに、使ったら元の場所へもどす作業があります。これができるだけでも、部屋の散らかり方は大きく改善するでしょう。

衣服も洗って干してたたんで元あった場所へ片づける。食器も使ったら、洗って拭いて元あった場所へ片づけます。ほぼ毎日、片づける作業に追われています。

日々の食事の中でも整理整頓力の土台を作ることができます。大皿や鍋料理などのとり分ける料理の場合でも、基本は一緒です。お箸は使ったら箸置きの上にもどす。コップは自分の右側あるべき場所にもどす。汁椀は右側へ、ご飯茶碗は左側へ置くと、それぞれ場所が決まっています。お隣の領域まで進出するのはいけません。使ったものを決まった場所にもどせることは、整理整頓の基本になります。

お食事をいただくお膳は、たった三十数センチ四方です。ランチョンマット上も同じくらいの大きさ。その程度の空間でしたら整理整頓を教えていけます。

大人になると、整理整頓は物だけではなく、頭や気持ちの整理整頓も必要になってきます。まずは食卓から教えていきましょう。

# 和食器の配膳

（カジュアルな御膳）

日本では左上位（左側が上座）の慣習により以下のように決められている。

1. 左に飯物
2. 右に汁物
3. 箸先は、左へ向ける

ただし、配膳ルールは地域により異なることもあり、地域の慣習に合わせるのがよいだろう。決まりは、がんじがらめになる息苦しいものではなく、決まり通りできればまわりに迷惑をかけることも恥をかくこともない、という程度に考えたい。

### 湯飲み

用意する場合は、右側に配膳する。

### 主菜

ご飯茶碗、汁椀、小鉢などは手に持っていただくが、主菜の皿は持たない決まりだ。それで主菜を置く場所は、箸を持つ手と同じ右の奥の場合が多い。

### 副菜

左奥に配膳することが多い。「左上位」の慣習により主菜よりも大きい器に盛り合わせたり、様々に楽しめばよいだろう。

### 飯物

日本では、食材すべてが神様の恩恵物と捉える考え方で、その中で米は神事にも使われるもっとも格上の食材。「左上位」の慣習により左側にご飯をしつらえる。

### 汁物

汁は左手で持ち、右手を添えて飲むので、手前に置く。

# 四

## 挨拶から
## コミュニケーション力を育てる

お食事をはじめる時は「いただきます」。終えたら「ご馳走様でした」と挨拶します。挨拶はコミュニケーションの「とっかかり」だと私は思います。

「いただきます」は「もらう」の謙譲語です。「いまからお食事をありがたく頂戴いたします」という、いわば「報告」です。「ご馳走様でした」は、接頭語「ご」＋名詞「馳走」に接尾語「様」とていねい語「でした」がつくとてもていねいないい方で、食事を用意してくれた方に謙虚に敬意と感謝を表す言葉です。

「食べる」ことは「生きる」ことであり、たくさんの命をいただいていることに感謝して発する言葉が食事の挨拶です。広く共感できることのひとつに「食べる喜び」があります。「おいしい」と声に出して喜びを共有することは、人々とのコミュニケーションを大いに助けてくれます。

食事以外にも挨拶は一日のうちに何回も言葉に出す機会があります。「おはようございます」「行ってきます」「ただいま」など。それらは、「私はいま起きましたよ」「いまから出かけます」「帰ってきました」と、「自分は～していますよ」「ここにいますよ」とアピールするもの。自分の存在や状態を伝えることでコミュニケーションを図るのです。挨拶ができない人は話のきっかけもつかみにくいものです。

## 五

# 家族団らんから常識《ルール》と知恵を学ぶ

社会には、皆が気持ちよく過ごすための暗黙の決まり「常識（ルール）」があります。この常識は大人に成長する間に自然と身につくものではないのです。家庭は小さな社会です。家庭内で些細なことから気を配って教えてあげましょう。

以前、貸したものを「汚れたままでごめんね」ともどされたことがありました。ご事情があるかもしれませんが、汚れたままで返すことを本当に申し訳ないと思っているのならばきれいに洗って返すのが筋だと思うのと同時に「ずるい人だな」とも思いました。大方はきれいに洗い、「ありがとう」と言葉を添えて返してくれるので爽やかな気持ちになります。

言葉ひとつ、行動ひとつでその人の価値を上げることも下げることもあるのです。そういう日々の小さい行動や繊細な気持ちについても、私は家族団らんの食事の際に学んできたように思います。

家族で食事を囲み、今日あったことなどを会話する中で、一般的な物の考え方や、人との関わり方、対処の仕方などの常識を学びます。

小さい頃から時間をかけて家族で話し合うことで、世の中に出て恥をかくことも少なくなり、集団生活の中でもうまく生きていく知恵も学べることでしょう。

## 六

# 道具から学ぶこと

―人を大切に、ていねいに関われる人に

食事で使用する道具は、スプーンやフォークなどのカトラリー、箸、茶碗やコップなどがあります。子どもに与えるものは、重さや形状がちょうどよく、手に馴染む道具を用意してあげましょう。

箸なら物をつまみやすく、茶碗なら手に馴染んで持ちやすく食べやすいことも大事です。そういう道具ならば大切にしたくなるのではないでしょうか。

高価なものではなくても、見た目も美しく手ざわりもいい道具ならばなおさら愛おしく、大切に扱うことでしょう。

道具を大切にていねいに扱う習慣があれば、人とも大切にていねいに関われる土台ができるように思います。逆に、道具を乱暴に扱う習慣の人は、何事も乱暴に対応することが多くなるのではないでしょうか。

手に馴染む気に入った道具を選んで使うことは、使い心地がよいだけではなく、物や人を大切にする心も養ってくれることでしょう。

# 器の種類と扱い方

## 陶器

温かみがあるのが特徴。湿気を含みやすい性質があるので洗った後、裏側まできちんと乾燥させること。美濃焼、常滑焼、萩焼などが有名。

## 磁器

陶器より高温で焼成するので硬度が高く、食洗機対応のものも多い（有田焼、九谷焼、瀬戸焼などが有名）。何を盛っても映える白い器から集めるとよい。

## ガラス

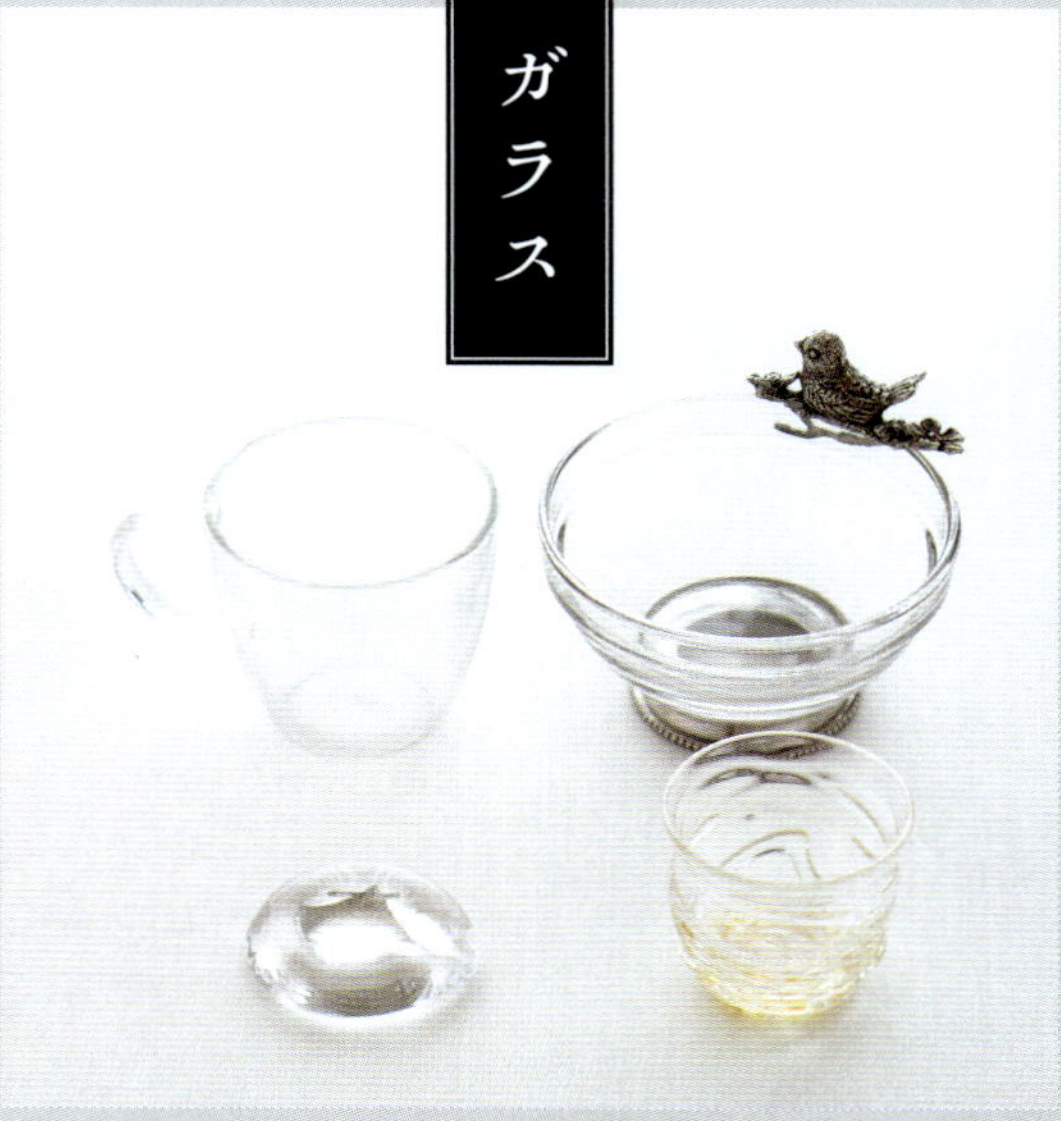

涼を感じる器で、光が集まるのできれい。昨今ではオーヴンやレンジ対応の耐熱性のものもある。写真右下のお猪口は、汁気を含む副菜などを盛りつけるのにも便利で、横に波のような線が出ているのでつかみやすい。左上は耐熱性カップ、左下は箸置き。

### セラミックス・メラニン
（強化磁器）

陶磁器を高温に処理して強度を持たせたもの。適度な重さがあって扱いやすく丈夫で、一部の学校給食にも用いられている。特にスプーンは舌ざわりもよく使いやすい。

# 用途別道具と作法

## 箸

日本製の箸は先が細くなっているのが特徴で、箸ひとつでつまむ、切る、ほぐす、魚の小骨をとるなど多用途に使える優れた道具。魚を食べていた日本だからこそ発展した箸文化だと感じる。お箸の大きさは身長の15%。身長100cmであれば15cmの御箸が適当。写真左2つは子ども用。

### 箸の持ち方の作法

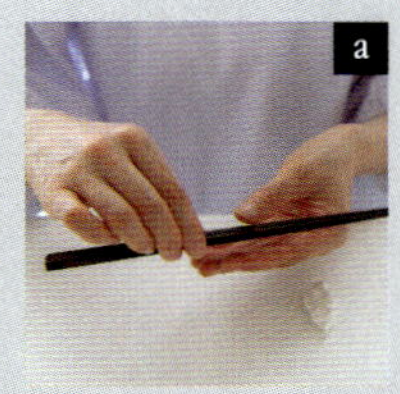


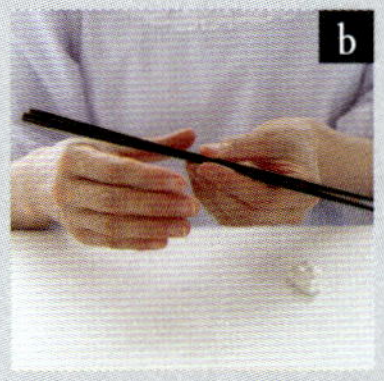

箸の上げ方…右手で箸を持ち上げ、左手を下に添える(a)。右手を箸の下に移動させて箸を握る(b)。お茶碗を持っている場合は、右手で箸を持ち上げて茶碗を持つ左手の指2本で箸を挟んでから(c)右手を箸の下に移動させて箸を握る。
箸の下げ方…これを逆にたどる。

### 箸使いのマナー

嫌い箸または忌み箸、禁じ箸など、一緒に食事をする方に不快、不潔な思いをさせない箸使いの決まりがある。いったんとりかけてからほかの料理に箸を移す「迷い箸」。食事の途中で食器の上に箸を渡して置くと「もういりません」という意味になる「渡し箸」も嫌われる。

ほかに、箸を舐める「舐め箸」、突き刺す「刺し箸」、箸で人や物を指す「指し箸」、箸先から汁がポタポタ垂れる「涙箸」、その他「立箸」「叩き箸」「寄せ箸」など、してはいけない箸使いが決まっている。

## 蓋つき器

温かいものをそのままの状態で提供できる。蓋があることで開けた時、食材の香りがふわっと広がり、よりおいしくいただける。

### 蓋つき器の作法

器に左手を添えて、右手で蓋をとる。蓋裏についた滴を器に落とし(a)、蓋を左手に持ち(b)、次に右手に持ちかえて自分の右側へ置く(c)。

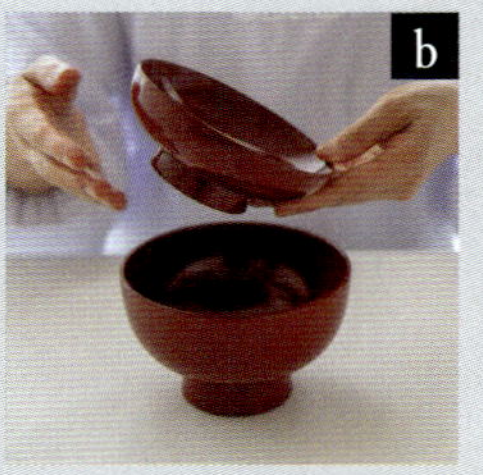

# 七

# 身近な自然を意識することは豊かな暮らしに繋がっていく

アジアにある島国の日本は、四方を海に囲まれ、国土の3分の2には清冷な水を湛える山があり、いたる所で水が湧く「水の国」です。栄養豊富な水は山から海へ流れていき、山が豊かなので海も豊かになります。

海産物も農作物も種類が多く、季節ごとに豊かな収穫があります。温暖な気候ゆえ、日本には多くの種類の花も咲きます。また、四季がはっきりしているので、あたりまえのように降り注ぐ光の輝きや色、風、空にも、四季それぞれの違いを感じとることができます。

花一輪でも、大きな自然でも、季節や天候によって姿をかえ、人に感動を与えてくれます。清らかな水が流れる様子を見れば気持ちも洗われることでしょう。

あわただしい日々の中でも、あたりまえにある自然を感じとれた時は気分がよくなります。小さなことに喜べることは、豊かさなのではないでしょうか。

スーパーに並ぶ食材からも季節を感じます。四季折々の恵みは季節によって変わる体調に寄り添い元気にしてくれる薬なのですから、旬の食材を意識してお料理し、季節の花を飾ってエネルギーを頂戴することは大切です。少し意識するとできる「豊かな暮らし方」を子どもにも見せてあげられるといいですね。

# 八

## 人の気持ちに寄り添う想像力を育てる

あたりまえのように食べている料理には、多くの人の手が加わっていることを子どもに教えましょう。

野菜であれば土を耕し、肥料を与え、雑草を摘みとり、水を与え、よい野菜になるように時間と手間をかけ、苦労して育てます。収穫された野菜は梱包され、運ばれ、店に並び、各家庭へ到着します。さらに、それらの食材を調理する人は食べる人の体調に合わせてと配慮しながらつくります。

……というように、ひとつの料理には食べる人がおいしく元気になれるよう、たくさんの人の手が重ねられているのです。

食事の際、子どもたちに食べている食材が食卓に並ぶまでの道筋や、料理づくりの話をして、作り手の心根に気づけるように機会をとらえて言葉がけしましょう。

作り手の苦労や心根は、実際に経験すると感じやすくなります。苦労をすると相手の気持ちに寄り添い、感謝する気持ちが生まれることが多いと思います。

まずは、食事の準備や片づけなどの家事を手伝う機会を与えましょう。手伝うという動きの中で、相手の幸せを願う気持ちを込める心根の部分を伝えていくことが大切です。不出来な部分は教えてあげ、うまくできたら褒めてあげるとよいでしょう。

# 九

## 吉祥文様から生き方を学ぶ

### ― 花鳥風月を人のあり様にたとえてきた文化

昔、文字の読めない人が多い時代には、人から人へと語り次がれる物語を聞き、絵を見たりすることで幸せな生き方を知ることもあったようです。そういう絵柄は、装飾品や着物、食器などにも施されてきました。それらは見ているだけで幸せになれそうな気がするものたちなのです。

その代表格に「吉祥文様」というものがあります。厄除けや繁栄を表す様々な文様、数々の宝ものを描いた宝づくし、花たちからエネルギーを頂戴できそうな四君子（蘭、竹、菊、梅を草木の君子として称した言い方）や松竹梅も有名です。

たとえば四君子。蘭は高貴な香りと気品を備え、竹は冬にも葉を落とさず青々としていて真っ直ぐのび、菊は寒さが忍び寄る晩秋の頃に鮮やかな花を咲かせ、また梅は早春のまだ寒い中で最初に花を咲かせる強さがある、と好まれ、描かれてきました。人もこうあるべきという姿を、花、鳥などの動物、虫といった自然をモチーフにした花鳥風月に描き、身近に置いて愛で、道標としてきたのです。

少しでも幸せに近づけるような物を日常に使い、親しむ意味を教えてあげましょう。素敵な文化なのです。

## 吉祥文様

昔話でもお馴染みの動物サルは、おいしそうな木の実を食べている。鳥の中でもっとも格上とされる美しい鶴、幸せを呼ぶツバメなど、季節の鳥は見ているだけで幸せな気分に。常に青々としているので神が宿る木とされている松に、末広がりを表す蛸唐草も描かれている。飛び跳ねるので縁起がよいとされる兎や清らかな菊花など。そんな縁起のいい花鳥風月が描かれている和食器たち。

十

# 受けとる力、感じる力が幸せを増やす

日本には、自分や相手の幸せを祈る「もてなしの文化」が根底にあります。

「おもてなし」とは、自分も相手も心地よい状態のことです。もてなす側には相手の望むことを察する力が必要で、一方、受けとる側にも相手の心配りを感じる力が必要なのです。こうした配慮を察知する力は、日々の中で一つひとつとり上げて教えていく中で育っていきます。

たとえば、掃き清められた玄関は、来られた方を清々しい気持ちにさせてくれるでしょう。飾られた一輪の花は、それを見るだけで気持ちが華やかになります。日本ではあたりまえのように見られる光景もおもてなしのひとつです。そんなおもてなしに込められた意味をそれとなく子どもに話してあげてはいかがでしょうか。

和食では季節に合わせて器を変化させます。これも世界ではめずらしいことです。旬の料理を季節の器でいただくことがあたりまえの日本に暮らしているとわかりづらいかもしれませんが、日本には「少しでも楽しんでもらえるように」というおもてなし文化が浸透しているのですね。

自分の幸せも相手の幸せも祈る日本文化。人の温かい想いに気づくことができると、より幸福感を感じることが多くなるでしょう。

親はいつの時代も子どもの幸せを祈ってきました。少しでもより幸せな人生を歩んでもらいたい、と。受けとる力、感じる力を育み、人や自然に感謝する気持ちを身につければ、幸せの多い人生になることでしょう。

## ひょうたん形の御膳と箸置き、ひょうたん箸

古来よりひょうたんは、無病息災の象徴。中が空洞になっていて、昔は水や酒（＝薬）を入れる容器に使っていたことに由来するようだ。また、子孫繁栄などの意味も。

箸には6つの瓢箪が描かれ、無病を表現する。

## 吉祥文様皿

皿中央には、常に青々として枯れることのない松、真っ直ぐ早く成長する竹、春一番に花を咲かせる梅と、縁起のよい松竹梅を配す。まわりには、隠れみの、扇子（末広がりの形から繁栄の象徴）などの宝物や縁起のよい文様——亀甲（長寿の象徴）、鱗（身を守る、厄除け）、波の地紋の青海波（せいがいは。未来永劫、平穏）、籠目（魔除け）、崩し卍型地紋の紗綾形（さやがた。繁栄、長寿）——を描き込んでいる。これを使う人が健康で幸せであるようにと祈りを込めた道具たちだ。

# 2章

## 日々の食卓 春夏秋冬

日本には、季節ごとに多くの旬の食材があります。

旬のものはおいしいだけではなく栄養豊かで、季節によってかわる体調を整え、
気持ちにも寄り添ってくれるものです。

昨今では「日常の食」は洋風化が進み、生活習慣病の若年化が急速に進んでいます。

日本人が長生きしている理由の一つに和食があり、
そこには生活習慣病予防に繋がるヒントがあるのではないでしょうか。

中年期になると子どもの頃に食べていた食事に回帰する人が多くなるといわれています。

子どもの頃に親しんだ味の記憶は心に刻まれます。

親しみのある旬の食材を生かした料理を、楽しいエピソードを交えてご紹介します。

# 旬の食材

**春は冬の間に身体に溜まった毒素の排出を促してくれる食材が多く出てきます。香草、山菜、柔らかい葉野菜など春ならではの食材を楽しみましょう。**

## 蕗《フキ》

食物繊維が豊富で腸の調子を整え、抗酸化作用も高い。香りがいい蕾（つぼみ）「フキの薹（とう）」、シャキシャキした茎、葉とすべて食べ尽せる。茎は直径が1～2cmまでのものを選び、保存する場合は葉を落として冷蔵する。

→29頁「蕗の混ぜご飯」

## キャベツ

冬から春にかけて収穫されるキャベツは、葉がしっかりしているので煮物に最適。

→27頁「和風ロールキャベツ炊き合わせ」

## 芹《セリ》

春の七草のひとつ。強い抗酸化作用と体調を整える作用があり、爽やかな香りとシャキッとした歯ざわりがよい。葉がみずみずしいものを選び、ボウルに水をたっぷり張った中でやさしくきれいに洗う。保存袋などに入れて冷蔵庫で保存できるが、早々に使うこと。

→26頁「芹と人参の胡麻和え」

## 鯛

容姿端麗で味もよく、平安時代から神事で用いるようになる。目がすっきりとして目の上部が青紫に輝いているものが新鮮。切り身は透明感があり血合い部分がきれいな赤色であるものがよい。栄養豊富で消化吸収もよく、幼児から老人に、また虚弱時にもよい。

→28頁「鯛の桜葉蒸し」

## 新じゃが芋

水分が多く、ねっとりとした食感が特徴。ストレスや疲労を回復させるビタミンCがみかんと同量含まれ、熱を加えても壊れにくい。表面にシワや傷のないものを選ぶ。

## もずく

沖縄で採れるものは三月後半から五月上旬。この時期は生もずくが出まわる。年中手に入るもずくだが、夏になると茎が枯れてしまうので、塩蔵品や冷凍品も多い。塩蔵品は塩抜きしてから使う。

→56頁「もずく味噌汁」

## セリと人参の胡麻和え

**セリは歯ごたえよく繊維質豊富**
**胡麻の香りが食欲を促す**

材料　3～4人分

＊1cm大の梅花形のぬき型を用意する。

セリ…1束
人参などの根菜類…適量
スライスアーモンド…適量
A
白胡麻、甜菜糖…各小さじ1
白胡麻ペースト…大さじ1
だし醤油（→2頁）…大さじ2

**1**　セリはサッと湯に通して流水で冷やし、水気を切ってから1～1.5cmの長さに切る。

● セリは繊維が強いので、子ども向けには細かく切って咀嚼（そしゃく）しやすくする。茹ですぎると香りが損なわれる。

**2**　人参は約5mm幅の輪切りにし、柔らかく茹でてから型ぬきする。薄い素材を型ぬきする場合、茹でてから型ぬきするときれいに仕上がる。

**3**　白胡麻はよい香りが立つまで炒る。スライスアーモンドは軽く炒る。

**4**　Aと1、2、3の胡麻を和え、アーモンドは散らす。

● 一般に香りのある野菜や山菜は体調を整える作用があるといわれる。セリはやや香りがきついが、香りのいい胡麻や食感に変化をつけるスライスアーモンドなどで工夫をして食べやすくしたい。

## ワラビとおかか

**ワラビの茎はねっとり**
**少しの苦さが春を感じる味わい**

材料　4人分

ワラビ…1束
藁灰…一つかみ
白だし醤油または二番出汁（→31頁）…適量
鰹節、醤油…各適量

＊藁灰…直産市場、JAなどで購入できる。炭酸水素ナトリウムや食塩などを合わせた市販のアク抜きでもよい。

**1**　ワラビはきれいに洗い、バットに並べて藁灰を上にのせる。沸騰した湯（分量外）をひたひたになるまで入れ、ラップ紙を密着させてそのまま冷ます。

**2**　しっかり冷めたら水できれいに洗って水気を切って器に入れ、水で薄めた白だし醤油もしくは二番出汁をヒタヒタに入れて一晩浸ける。

**3**　2のワラビは汁気を軽く切り、3cmくらいの長さに切る。器に盛って鰹節と醤油を添える。

＜春の七草＞

暦の上では「立春」から春。その頃はまだ寒く、凍って枯れた草の下に新芽を見つけることができます。昔は春の七草などの野草を収穫するのは子どもの仕事でした。冷たい中での作業は辛いはず。でも、そんな経験は人の苦労を理解する糧となり、収穫と春の喜びも強く感じられたことでしょう。

# 和風ロールキャベツ炊き合わせ

キャベツがとろっと柔らか
ボリューム満点で体も温まる

材料　4人分

キャベツ…1個（8枚使用）
太パスタ…適量
人参…中1本
しめじ…1房
青菜（→28頁。茹でておく）…適量
A
合挽き肉…400g
玉ねぎ（みじん切り）…100g
無添加コンソメ…5g
卵…1個
アマランサス…大さじ1
薄口醤油…小さじ2
調味出汁（→31頁）…1.3ℓ
本葛（なければ片栗粉）…30g
*アマランサス…ミネラル豊富な雑穀。

**1**　キャベツは芯のまわりに深めの切込みをぐるりと入れ、芯側を下にして湯気の上がった蒸し器に入れて18分前後蒸す。葉がしんなりして透明になればよい。冷ましながら、1枚ずつていねいにはがして必要枚数をざるに上げて水気を切る。
● 芯に近い残り部分は蒸し野菜や炒め物など別の料理に使う。

**2**　**A**を混ぜ合わせてよく練り、8等分にしてそれぞれを丸める。

**3**　**2**を**1**できつく巻き、楊枝代わりに短く折ったパスタを刺してとめておく。

**4**　人参は一口サイズに切り、しめじは小房に分ける。

**5**　鍋に**3**、**4**と調味出汁を入れ、落し蓋をして20分ほど中火で炊く。調味出汁は味をみて好みで薄口醤油大さじ1（分量外）を加えてもよい。

**6**　**5**が柔らかく炊けたら、同量の水（分量外）で溶いた本葛を加えて加熱してとろみをつける。皿に盛り、茹でた青菜、好みで柚子胡椒（分量外）を添える。

● 葛は身体を温める作用があり、料理も冷めにくくなる。また、とろみで素材がまとまって食べやすくなる。
● 冷凍保存可能。味に飽きたら鰹節やチーズを上にかけて味をかえてもよい。

<子どもと一緒に作る>
料理に興味が湧いた時に、作る経験をさせてあげるとよいですね。なにごともタイミングが大事です。ロールキャベツを巻く作業は、コツが必要。柔らかい肉種に合わせて適度な力で巻きつけるのは意外に簡単ではありません。じょうずにできたら褒めてあげる。そんなことをくり返しつつ、親子の関係もより深まっていくでしょう。ロールキャベツを見るたびに楽しかったひと時を思い出せたら素敵です。

# 鯛の桜葉蒸し

**鯛に桜の花を添えたおもてなし料理**
**桜葉の香りが浮き立ち心地いい**

材料　4人分

調味出汁（→31頁）…800cc
片栗粉…大さじ1
A ┌ 道明寺粉…30g
　└ 二番出汁（→31頁）…30cc
鯛（刺身用）…4切れ分
桜葉の塩漬け…4枚
桜花の塩漬け…4輪

*調味出汁…鯛の繊細な味を生かしたいので、鰹節の量をを少なめにして風味が立ちすぎないように出汁を引く。

*道明寺粉…水に浸して干したもち米を粗く挽いたもの。桜餅などに使う。

**1**　調味出汁を沸騰させ、同量の水（分量外）で溶いた片栗粉をまわし入れてとろみをつける。

● 汁はとろみをつけることで、道明寺粉がふやけるのを遅らせる。

**2**　**A**は分量の二番出汁に道明寺粉をパラパラとふり入れて混ぜておく。

**3**　鯛は椀にのるちょうどいい大きさにそぎ切りにし、4枚を使う。

● 鯛に魚臭がある場合、日本酒を少量かけて10分おくと臭みがとれる。キッチンペーパーで余分な水分を拭いて使う。

**4**　**3**の鯛1切れずつに**2**を等分にしてのせ、洗って水気をふいた桜葉の塩漬けで包む。蒸し器で10分ほど蒸す。

**5**　**4**を器に盛り、サッと洗った桜花の塩漬けをのせる。温めた**1**を注ぎ、椀の蓋をする。

● 忙しい時は臨機応変に出汁の素などで代用するとよい。

# 菜めし

**少しの塩気が食欲をそそる**
**緑がきれいな簡単混ぜご飯**

材料　1人分

ご飯…お茶碗1杯分
青菜…ゆでて小さじ1～2
塩…小さじ約1/4

*青菜…大根やかぶの葉、小松菜、かき菜などの青い葉野菜のことを指す。

青菜をサッと湯がいて水気を絞り、みじん切りにして塩をまぶす。炊きたてのご飯1杯につき塩をまぶした青菜小さじ1～2を混ぜる。

● 青菜と合わせる塩は、能登のはま塩、ゲランド、藻塩などの天然塩がおすすめ。塩はメーカーにより味がかなり違うので、塩の分量は調整する。

＜簡単なものほどむずかしい＞

簡単な料理ほど、その人の手が味をかえます。菜めしも同様。米を炊く時に加える水は、米の種類や食べる人の好みによって分量をかえます。炊き上がったご飯は、粘り気が出ないように極力米粒にふれないようにほぐして塩と青菜がまんべんなく散るように混ぜ、茶碗に盛ります。調理する人が米のことを理解しているか、繊細な神経を持っているのか。そんなことが表れてしまうお料理です。

# 蕗の混ぜご飯

シャキシャキした翡翠色のフキ
春を味わう薄味混ぜご飯

材料　茶碗6杯分

油揚げ…2枚
生姜…20g
米…2.5合
フキ…100g
塩、白だし醤油…各適量
A｜白だし醤油、酒…各大さじ2

1　油揚げは湯をかけて油抜きしてからせん切りにする。
2　生姜もせん切りにする。
3　米をざるに入れて流水で洗い、そのまま15分ほどおいて水気を切る。炊飯釜に洗った米とAを入れ、通常の分量まで水（分量外）を足してから1と2を加えて炊く。
4　フキは鍋に入る長さに切り、塩を多めにふってまな板の上で転がして板摺り（いたずり）する。沸騰した湯で3分ほど茹で、冷水にとって色止めする。
5　4の筋をとり除いてから5mm幅に切り、白だし醤油少量を馴染ませる。
6　炊き上がったご飯に5をさっくりと混ぜ合わせる。

＜春だからフキを味わう＞

昔からフキは身近にあった山菜です。春先に地面から顔を出す花芽を囲った蕾「フキの薹（とう）」は炒めて味噌にからめたフキ味噌や天ぷらに、また成長した茎は独特の歯ざわりと香りがあるので煮物や和え物、炒め物に、そして葉はつくだ煮や菜飯にと、フキはすべてを食べ尽くせる食材です。茎表面にある産毛や強い繊維はとり除く必要があります。また料理すると少量になってしまうこともあって何となく遠ざけてしまう人が多い食材かもしれません。

わが家では、一度に2束ほど処理して出汁に漬け、冷蔵庫で保存しながら5日ほどかけて消費します。きれいな翡翠色で、シャキシャキとした歯ざわりが特徴。鰹節をかけてお浸しに、吸い物に入れたりご飯に混ぜたりと春ならではの味を楽しむとよいでしょう。フキの薹はあっという間に成長し、独特の香りを楽しめる期間は限られています。

## ふわふわ桃

**ふわっと軽く食べやすい**
**泡立ててジャムなどを混ぜるだけ**

材料　4人分

卵白…1個分
プレーンヨーグルト…卵白と同量
桃ジャム（果肉入り）…適量
飾り用ミント…適量

**1**　卵白は、泡立て器で固く泡立てる。
**2**　1にプレーンヨーグルトと桃ジャムを加え混ぜる。盛りつけてミントを飾る。

●余った卵白の利用法。桃は春に花が咲き、実が成るのは夏。桃の節句もあるので、果肉がごろっと入った桃ジャムを使った。どのジャムでもそれなりにおいしくできる。

＜桃は不老長寿の象徴＞
桃は中国原産のバラ科の植物です。昔から桃は仙木（せんぼく。神や仙人に力を与える樹木）とされ、邪気を祓い、不老長寿や病魔退散の象徴とされてきました。古事記にも邪気を祓う力が記載されています。また、桃のデザインは吉祥文様として和食器などにも描かれています。

## 黒胡麻葛

**胡麻風味のとろんとしたおやつ**
**簡単に作れて、温まる**

材料　4人分

クコの実…適量
**A**
黒胡麻ペースト…100g
黒糖…40g
水…300cc
**B**
本葛…10g
水…大さじ1

**1**　クコの実は軽く洗い、水に浸けて柔らかくなるまでもどす。
**2**　Aを鍋に入れ、木ベラで混ぜながらとろ火で加熱して黒糖をよく溶かす。
**3**　ボウルに合わせてよく混ぜておいたBを少しずつ2に混ぜながら加え、火にかけてとろみがつくまで加熱する。
**4**　器に盛り、1のクコの実をのせる。

●半分に切った餅をグリルで焼いて上にのせてもよい。冷蔵保存は5日ほど。

＜寒暖差が激しい季節のおやつ＞
小さい子どもの場合、おやつも大切な栄養源です。胡麻の油分は、肌（保湿効果）も身体の中も潤してくれます。眼精疲労回復効果や便秘解消作用も期待できるようで、寒暖差が激しく体調管理がむずかしい春、温まることで体調が整うこともあるでしょう。大量に作って冷蔵保存し、朝ご飯のデザートに電子レンジで温めて食べるのもおすすめ。腹持ちもいいので、学校へ行ってからも頑張れそうです。幼児から老人まで食べられるのも魅力。

# 出汁の基本

おいしい出汁の基本的な作り方をご紹介します。忙しい時は水出しで。

## 出汁

**昆布と鰹の栄養たっぷり**

材料　約1.3ℓ分

出汁
- 昆布…10〜20g
- 鰹節（鰹節100%）…20〜30g
- 水…1.5ℓ

調味用
- 白だし醤油…大さじ1〜2
- 塩…小さじ¼

### 出汁（一番出汁）

**1**　水1.5ℓと昆布を鍋に入れ、冷蔵庫で一晩おく（a）。

**2**　鍋を火にかけ、60℃くらいになったら昆布をとり出す。鍋底に細かい泡がポツポツ立ちはじめた時がその目安（b）。

**3**　そのまま火にかけて80℃くらいになったら鰹節を入れて（c）火を切る。鰹節が落ち着くまでそのまま約15分おき、アミで漉す。

● 鰹節は、鰹節100%のものを使用。用途に応じて昆布や鰹節の量を調整する。鰹節の味を立たせたい場合は鰹節を30gにして濃いめの出汁をとり、素材の味を立たせたい場合は10〜20gにするなど。

a

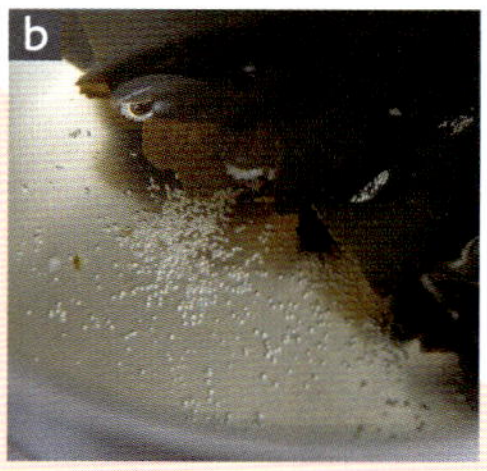
b

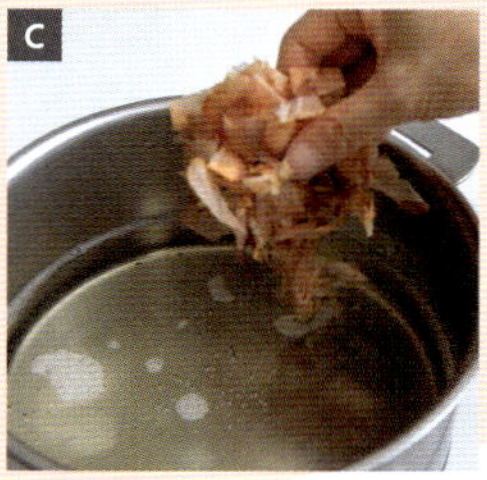
c

＋

### 調味出汁

**軽く味をつけて吸物などに**

**4**　調味する場合は、**3**で漉す前の温かい出汁に白だし醤油と塩を加え混ぜて味つけして15分おいてからアミで漉す。

## 水出し

**味は薄め。簡単に作りたい時に**

材料　約1.3ℓ分

出汁
- 昆布…10g
- 鰹節…20g
- 水…1.5ℓ

昆布と鰹節を水1.5ℓと一緒に保存容器に入れて冷蔵庫で一晩おき、漉す。

● 調味する場合はいったん加熱してから左記「調味出汁」と同様に、調味用材料を加えてから混ぜて漉す。

## 二番出汁

**煮物や味噌汁などにも**

いずれの出汁のとり方でも、一番出汁を漉した鰹節と昆布に一番出汁の½量の水を加えて、沸騰後5分加熱してから漉す。二番出汁で炊くと、煮物などがおいしくなる。

## 昆布の種類と特徴

水に浸けて緑に濁るものは品質が悪い。透明感があり、磯臭さのないものが良品。産地が同じでも同じ味とは限らないので、様々に試して自分の好み見つけるとよい。

**羅臼昆布**
風味、旨み強め。別名「だしの王様」でやや価格は高い

**利尻昆布**
クセが少なく旨みが強い。出汁が濁りにくい

**真昆布**
上品な香りと透明感のある出汁。肉厚で幅広

**日高昆布**
柔らかく煮えやすく味もよい。煮物にも使える万能昆布。

# 旬の食材

**湿気や暑さで胃腸の機能が減退する時季。夏が旬の食材には体内にこもる湿気を捨て去り、また涼しくしてくれるものも多く、薬味などをとり入れて厳しい夏をのり越えましょう。**

## ニンニク

粒に丸みがあり、重さのあるものを選ぶ。強壮作用があり、体力消耗の激しい夏に最適。風通しのいい冷暗所か、新聞紙に包んで冷蔵庫で保管。

→36頁「野菜の肉巻き」

## パプリカ・ピーマン

パプリカはオランダ語でピーマンのこと。ピーマンは唐辛子を食べやすく品種改良したもの。緑色のピーマンは未熟なうちに収穫したもので完熟すると赤くなる。加熱調理によるビタミンCの損失が少なく、油と一緒に調理することでビタミンAなどの吸収もよくなる。皮が焦げるほどにじっくり焼くと驚くほど甘味が増す。

→36頁「野菜の肉巻き」

## オクラ

大きい種類もあるが、おおよそ人差し指程度の大きさが理想。大きすぎると繊維が固くなる。ねばりのある野菜で、上部にある固い茎とガクを包丁でとり除き、塩で板摺りしてサッと茹でる。

## 牛蒡《ごぼう》

路地ものだと4～5月が新ごぼう（別名：夏ごぼう）、11～1月は通常のごぼうが出まわるが、近年では11月～翌8月頃まで新ごぼうの出荷がある。新ごぼうは成長途中の若いごぼうで、柔らかく香りがやさしいのが特徴。サッと茹でてサラダにしても美味。

→34頁「酢牛蒡」

## 茄子《なす》

夏場は甘味が増し、揚げ物、炒め煮、漬物に合う。夏から秋にかけてが旬で「秋茄子」は身が引き締まり、皮が薄く柔らかくておいしい。ガクについたトゲに注意。張り、つやのあるものを選ぶ。冷蔵すると味が落ちるので新聞紙などで包んで室温で保存し、早めに使う。

## 胡瓜《きゅうり》

表面の突起がとがっていてつやと張りがあるものを選ぶ。ビニールに包みヘタを上に立てた状態で保存する。利尿効果などの特徴があり、夏バテ防止効果が期待できる。

→34頁「蛸と胡瓜とトマトの酢の物」

## トマト

生のままでも、煮ても焼いてもおいしく、わき役からメインまでこなせる食材。低温保存すると味が落ちるので夏場以外は室温で保存する。

→36頁「野菜の肉巻き」
→56頁「和風トマトスープ」

## 南瓜《カボチャ》

和南瓜は味が淡泊で粘り気があるので煮崩れしにくく煮物や蒸し物に向いている。西洋南瓜は糖分が多く、スープやグラタンなど万能に使える。色が濃く、ずっしりと重く形がよいものを選ぶこと。

## 蛸《たこ》

アミノ酸の一種タウリンが豊富で、蒸し暑いこの時期には最適。マダコは年中出まわっているが、夏と冬は特に味がよくなる。最近では輸入品も多く、添加物も気になるので注意したい。やさしくていねいに流水で洗うと本来の味がもどってくる。

→34頁「蛸と胡瓜とトマトの酢の物」

## 人参

4～8月は「春人参」、11～12月は「冬人参」と、一年で2回旬がある。色艶がよく、細目で上の部分が緑色に日焼けし、根になる穴が縦に並んでいるものを選ぶ。油との相性もよく、煮炊きしても生でも使える。ゆっくりじっくりと加熱すると甘味が増す。

→59頁「サーモンチャウダー」

## 鮎《あゆ》

秋に川を下り、産卵。孵化した稚魚は海もしくは河口域に下り、春になると遡上する。藻を食べて成長するので独特の香気があり、別名「香魚」とも。夏の初めにはさっぱりとした稚魚を、秋はお腹に卵をたっぷりと抱えた落ち鮎を楽しむ。短い時間に成長して姿がかわるので、季節の移ろいを感じる魚。

→35頁「稚鮎の南蛮漬け」

# 蛸と胡瓜とトマトの酢の物

**蛸は歯が生えてきたら噛む練習に**

材料　串9本分

バルサミコ酢…適量
きゅうり…1本
プチトマト…9個
蛸足…3本

**1**　バルサミコ酢は小さな手鍋に入れて半量になるまで煮詰めておく。
**2**　きゅうりはピーラーで縦に薄くスライスする。プチトマトはへタを除く。
**3**　蛸足は一口サイズに切り、**2**と一緒にピックで刺す。**1**を小さな器に入れて添える。

●酢は、穀物や果実の発酵調味料。食欲増進、疲労回復効果、殺菌作用などがあり、老若男女の健康や美容に効果があるとされる。
●蛸は国産が良品。添加物のついたものは表面の凸凹を指でなでながら水でやさしく洗い流す。

＜半夏生の時季に蛸を食べる＞
梅雨の終わり頃、毒性の植物「半夏生（はんげしょう）」の花が咲く時期を伝える雑節（ざっせつ。日本独自の暦区分）「半夏生」があります。その頃に採れる野菜には毒が含まれるとされ、農業を小休止する目安となっていたようです。田植え後でもあり、この時期に疲労回復効果が高いものを摂ったとか。福井県では「鯖」、関西方面では「きな粉餅」や「蛸」を食べます。稲の根が蛸足のように張る＝豊作祈願として蛸を神様に奉納し、そのお下がりを頂戴します。

# 酢牛蒡

**いくらでも食べられる酢牛蒡**
**新ごぼう独特の香りを楽しむ**

材料　6人分

新ごぼう…1袋
大葉…4枚
A　寿司酢（→2頁）…100cc
　　水…100cc

*ごぼう…太すぎると中にスが入っていたり固すぎたりする場合があり、細すぎても処理が大変。中庸の太さのものを選ぶ。

**1**　新ごぼうはきれいに洗い、約3cmの長さに切る。太い部分は縦半分に切る。新ごぼうなので皮は除かずに使う。
**2**　**A**を合わせて鍋に入れ、**1**を加えて柔らかくなるまで12分ほど煮る。大葉を1枚ずつ皿に敷き、ごぼうを盛りつける。

●白胡麻ペースト大さじ2、白だし醤油小さじ1を混ぜ合わせてごぼうに和え、炒り胡麻を散らし、とひと手間かけてもおいしい。

# 稚鮎の南蛮漬け

**稚鮎は子どもでも丸ごと食せる**
**酸味で食欲増進効果**

材料　4人分

稚鮎…12尾
酒…少々
片栗粉…適量
米油…適量
人参…½本
きゅうり…1本
生姜…10～20g
南蛮酢
　米酢…30cc
　醤油、酒…各30cc
　きび糖…大さじ1
　水…85cc
　好みで唐辛子…1本

＊唐辛子…小さな子ども用には入れなくてもよい。

**1**　鮎はきれいに洗い、キッチンペーパーで余分な水分を拭く。腸は苦みを伴うので、気になるようなら腹に指をあてて押し出してとり除く。

**2**　南蛮酢の米酢以外の材料を鍋に入れて煮立てる。火をとめ、米酢を加える。

**3**　**1**に片栗粉をまぶして余分な粉をはらい、高温の米油で表面がカリッとするまで揚げる。

**4**　揚げたてを**2**に入れて漬ける。

**5**　人参、きゅうり、生姜はせん切りにし、軽く塩をして余分な水分を絞り、**4**と和える。

＜手間いらずの稚鮎＞

小魚は栄養的にも経済的にも優秀で子供に食べさせたい食品です。ただし、尾のあたりに固い「ぜいご」がある鯵はこれをとり除く手間がかかり、鮮度が落ちやすい鰯は臭いも気になります。そんな中、鮎は処理しやすい魚です。初夏の頃には、丸ごと食べられる稚鮎が出てきます。鮎は、青魚のような臭みはなく、鱗の処理も不要。また内臓は手で簡単にとり除けます。

# 野菜の肉巻き

バランスよく多様な食材を巻く
香ばしい香りが食欲をそそる

材料　4人分

しゃぶしゃぶ用豚バラ肉…400g
トマト…中1〜2個
ズッキーニ…1〜2本
カマンベールチーズ…2/3個
ニンニク…1片
薄口醤油…適量
パプリカ…1個
レモン（薄切り）…少々
あればセルフィーユ…適宜
米油…適量

**1**　トマトはきれいに洗い、一口大のくし形に切って8個とる。カマンベールチーズは8等分のくし形に切る。

**2**　ズッキーニは1cmほどの厚さに輪切りにして8個とる。残りは盛りつけ用に5mm幅にスライスして24切れとる。

**3**　パプリカを半分に切って種を除き、グリルで18分ほどじっくり焼き、薄皮を除いておく。

**4**　トマトとカマンベールチーズ、ズッキーニをそれぞれしゃぶしゃぶ用の豚バラ肉1〜3枚で巻く。

**5**　大きめのフライパンに米油少々を引いてニンニクを入れて加熱し、香りが出たらニンニクは除く。**4**を並べ、肉の表面がカリッとするまで焼く。フライパンのあいたところに**2**で薄くスライスした盛りつけ用のズッキーニを入れ、軽くソテーする。

●肉はカリッとするまで焼くのがおいしさのコツ。

**6**　肉から出た油分はキッチンペーパーで拭きとり、薄口醤油小さじ1くらいずつをフライパンの縁に入れて香りを立たせては肉巻全体にからめていく。すべての肉巻きに醤油がからまるまで作業をくり返す。

●濃口醤油よりも薄口の方が、さっぱりした味に仕上がる。

**7**　皿にソテーした盛りつけ用ズッキーニを並べ、肉巻きを盛る。彩りに小さくカットしたレモン、あればセルフィーユなどを飾る。**3**のパプリカを添える。

●お財布にもやさしい食材で、多人数のホームパーティなどにも重宝。盛りつけも楽で、串に刺したり、一口サイズにしたりとアレンジも楽しめる。

# 焼肉丼

**ボリューム満点。野菜も多い**
**自家製紅生姜が味のアクセント**

材料　4人分

豚バラ薄切り肉…300g
ご飯、キャベツ…各適量
焼き海苔、紅生姜…各適量
タレ（合わせておく）
濃口醤油、味醂…各大さじ3
酒、胡麻油、酢…各大さじ1
きび砂糖…大さじ1
赤味噌…小さじ1
ニンニク、生姜…少々
白胡麻…適量

＊紅生姜…1〜2㎜厚さにスライスした生姜を塩水につけてからカリカリに干し、ひたひたの赤梅酢に2〜3日以上漬ける。

**1** キャベツは洗ってせん切りにし、水にさらしてざるに上げて水気を切る。

**2** 豚バラ薄切り肉は、フライパンで油を引かずにで中火〜強火でじっくり焼く。カリッと焼けたら、鍋肌から合わせたタレを2〜3回に分けて入れては香りを出し、肉とからめながら加熱する。

**3** 器にご飯を盛り、手でもんだ焼き海苔、**1**のキャベツ、**2**の肉、紅生姜、白胡麻の順にのせ、フライパンに残った少量のタレを上にまわしかける。

●市販のタレを使う場合は、フライパンの中で少し煮詰めてから肉とからめること。そうすることで、肉の焼きすぎもなく、冷めた際の色褪せも少なく、見た目もよくなる。

＜焼肉丼は子どもに人気＞
子どもからリクエストされた中でダントツ一位の料理。消化吸収を助けてくれるキャベツ、食欲増進効果があるニンニクや紅生姜も入っているので、お腹がいっぱいになるまで一気に食べられます。冷めてもおいしく、お弁当にも最適。紅生姜を入れることで防腐効果も期待できます。冷ましてから（忙しい場合は扇風機の風を）蓋をしめます。

# とうもろこし雑穀ご飯俵おむすび

**とうもろこしの甘みと粒々感は子どもが好み、彩りもよい**

材料　6人分

米…2合
アマランサス（→27頁）…大さじ1
白だし醤油…小さじ1
とうもろこし…1〜2本（缶詰の場合は120g）
塩…小さじ1/4

1　米はざるに入れて流水で洗い、そのまま15分ほどおいて軽く水気を切る。

2　1とアマランサスを一緒に炊飯釜に入れ、通常の目盛まで水（分量外）と分量の白だし醤油を入れる。

3　とうもろこしを包丁で4等分し、桂むきの要領で実をとり出し、米の上にのせる。芯も上に置いて一緒に炊く。芯は炊き上がりにとり除く。

4　炊き上がればそっと天地を返すように混ぜ、俵型にやさしく握る。

● 芯も入れて炊くことで、味に深みが出る。処分することが多い芯にも味があり、スープなどを炊き込む場合、一緒に調理することで味に深みが出ることを覚えておきたい。味は違うが缶詰で代用も。

# フルーツミックススムージー

**美しい簡単デザートドリンク凍った果物でシェイク状に**

材料　4杯分

冷凍苺…20粒
冷凍ブルーベリー…30粒
バナナ（輪切りにして冷凍）…1本分
牛乳…400cc
＊バナナ…5㎜幅の輪切りにしてラップで包んで冷凍しておくと変色しない。

すべての材料をミキサーまたはハンドミキサーにかけて、なめらかにする。

● スムージーは身体を冷やすので、摂取量には気をつけること。

# わらび餅
# 黒胡麻きな粉

つるんとした食感の夏の涼菓子

材料　6人分

A
ワラビ粉…90g
水…450cc
グラニュー糖　100g

黒胡麻きな粉（市販）…適量
きび糖…適量

＊黒胡麻きな粉…黒胡麻、きな粉などを混ぜた食品。

**1**　鍋にAを入れてよく混ぜ、ワラビ粉とグラニュー糖を溶かしてから火にかける。木ベラで混ぜながら加熱する。

**2**　粘り気と透明感が出たら、水で濡らしたバットに流し、バットごと氷水で冷やす。

**3**　黒胡麻きな粉ときび糖を1対1で混ぜ合わせる。

**4**　**2**を器に盛りつけ、**3**を適量かけてまぶす。

〈ワラビ粉は高級品〉

昔はリヤカーという二輪の手引き車でいろいろな食品を販売するのを見かけたものです。そこには季節ものもあり、冬といえば焼き芋やポン菓子、そして夏はモチモチしたわらび餅でした。ワラビの根から作られるワラビ粉は高級品です。ワラビ粉配合の割合で値段もピンからキリまで。ワラビ粉と記してあっても、片栗粉などを加えている商品がほとんど。本物は香りや透明感、食感が違います。

# 旬の食材

厳しい夏の暑さをのり越え、体は疲労しています。夏の疲労を回復させながら厳しい冬の到来に備え、栄養を蓄える時期です。豊かな秋の滋味を味わいましょう。

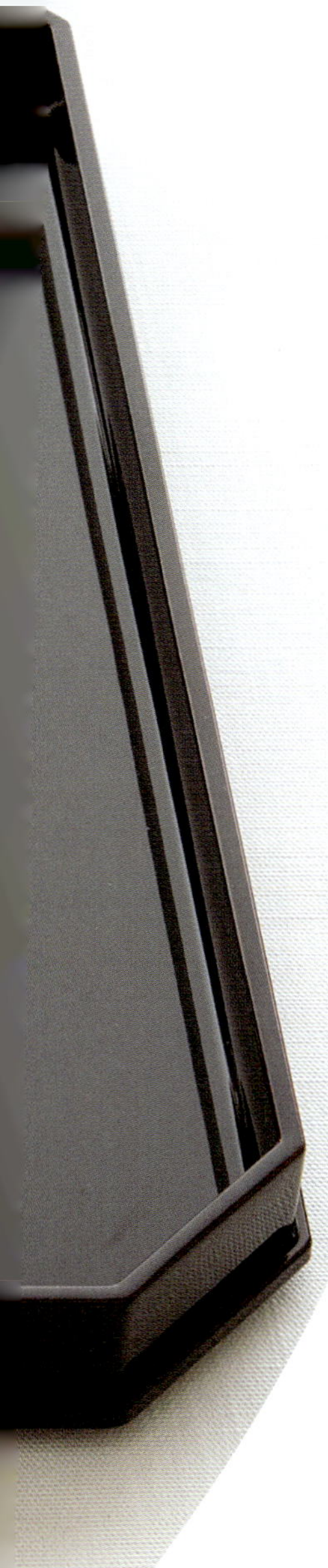

## 柚子

皮の表面につやがありデコボコしたものがよい。皮は薄くむいて吸い物や煮物などの香りづけに添え、果汁は搾って薬味やソースに使う。柚子胡椒は、柚子の皮と青唐辛子をすりおろして塩を加えたもの。

## カリフラワー

生のままでも、茹でても、スープにしてもおいしい。花蕾（からい。蕾のこと）がこんもりとして丸く、色のきれいなものが良品。

## 栗

皮は褐色でつやがあり、身がふっくらとしたものを選ぶ。京都丹波地方で作られる丹波栗は大粒の最高級品。

## 茸《きのこ》

椎茸は肉厚で笠が半開き、裏側が白いものを選ぶ。しめじは笠が開ききっていないもの、舞茸は身が固く締まったものがよい。茸は低カロリーで食物繊維が豊富。軽く新聞紙などで包んで冷蔵庫で保管し、早めに使う。

## 里芋、さつま芋

秋に収穫する代表的作物でお月見の行事でもお供えにする。里芋は表面に傷のないものを選び、乾燥を嫌うので土つきで保存する。里芋、さつま芋はともに冷蔵を嫌い、新聞紙で包んで涼しい所で保管する。少量でも満腹感を得られ、一品加えると腹持ちがよくなる。

→43頁「里芋と豚の甘辛炒め」

## 茗荷《みょうが》

夏茗荷（7～8月）と秋茗荷（9～10月）の2回旬がある。身が締まって色艶のよいものを選ぶこと。天（穂先）と地（根に近い部位）を少し切り落として使う。

## 鮭

身は赤いが、白身魚。脂分も豊富でおいしく、卵のイクラも人気だ。鮭は川で生まれて海に出て2～5年ほどすごし、産卵のために川にもどってくる回遊魚。遡上してきた鮭は、塩鮭（新巻鮭）にして保存も。身が締まっていて弾力のあるものを選ぶ。

## 鰹

鰹には2回旬がある。初夏の「初鰹」はあっさりとしてタタキで食べる人が多く、秋の「もどり鰹」は脂がのっていて刺身がおいしいといわれる。鰹は大きいほど脂がのっていて傷みが早く、早々に処理したい。

# 白花豆の甘煮

**花豆はふくよかな甘さがおいしい
疲労回復、美肌効果もあるとか**

材料　白花豆200g分

白花豆…200g
水…適量
グラニュー糖…100g

1　白花豆は鍋に入れ、豆の3倍量の水に浸けて一晩おく。
●ポイントは、初めにしっかりと水でもどすこと。

2　1を火にかけて加熱し、アクが出たら水を捨てる。

3　豆の4倍量の新しい水を入れ、強火にかける。沸騰したら火を弱め、指で押すとつぶれるくらいに柔らかくなるまで50分ほどゆっくり煮る。強火だと煮崩れしやすいので、火加減に注意する。

4　3にグラニュー糖を加え、10分加熱したら火をとめて冷ます。

〈豆は栄養の宝庫〉

乾燥した豆類はそのまま何年も腐ることがないほど抗酸化作用のある食材ですが、調理後は傷みが早いので冷蔵保存し、早々に食べ切りましょう。白花豆(インゲン豆)は、たんぱく質以外にカルシウム、マグネシウム、亜鉛、食物繊維なども豊富に含むおいしい豆です。

# 丸い玉子焼き

**しっとりした味わい
巻き簾でお月見仕様に簡単成形**

材料　6切れ分
*巻き簾を用意する。

A　一番出汁(→31頁)…150cc
　　白だし醤油、甜菜糖、片栗粉…各小さじ1強
卵…5個
米油…適量

1　Aを混ぜ合わせ、卵を加えて溶きほぐし、アミで漉す。

2　米油を引いた玉子焼き器で1を少しずつ入れて焼けたら巻く、をくり返して焼く。

3　熱いうちに巻き簾で巻き、丸く整える。巻き簾中央を輪ゴムでとめて、そのまま立てて冷ます。
●熱いうちに丸く整えて立てたまま冷ますのがポイント。切り口が満月のような玉子焼きになる。

4　冷めたら3を巻き簾からはずし、6等分の輪切りにする。器に盛り、あれば茹でた人参を型ぬきして飾る。

〈お月様の玉子焼き〉

「中秋の名月」には、豊かな実りをくださる月の神様に感謝します。植物も人間も、太陽と月の光がうまいバランスで照らしてくれるので成長できるのです。秋はもっとも美しい月を観られる時季です。あわただしい日々の中でホッとひと息、月光浴をすると身体の細胞が生き返るような清らかな気持ちになります。

# 里芋と豚肉の甘辛炒め

**子どもが好きな甘辛味**

材料　4人分

パプリカ…½個
ピーマン…2個
里芋…大8個
豚ロース肉…400g
米油…適量
片栗粉…大さじ2弱
A
甜菜糖…大さじ2
濃口醤油、酒、味醂…各大さじ3

**1**　パプリカとピーマン、皮をむいた里芋は一口サイズに切り、米油大さじ2をからめる。200℃のオーヴンで30分ほど、中が柔らかくなるまで加熱する。水分が抜けて甘みが立つ。

●里芋は、600Wの電子レンジで5分加熱してもよい。

**2**　豚ロース肉は一口サイズに切る。片栗粉(分量外)を軽くまぶし、米油小さじ2を引いたフライパンで表面を焼く。

**3**　鍋に**2**と**1**を入れ、合わせた**A**をまわし入れて火にかけ、しっかりと加熱してアルコール分を飛ばす。アルコールを飛ばす間にタレが具材に染み込む。

**4**　同量の水(分量外)で溶いた片栗粉を加えて火を強め、とろみが出るまで炒める。器に盛りつける。

●疲労回復効果が高いとされる豚肉と、収穫されたばかりの里芋の料理は、夏をのり越えた体を労わってくれる。地域によるが、里芋は中秋の名月にお供えする収穫物のひとつ。

# スペアリブと蓮根黒酢ソース炒め

**甘酢で唾液を出して食欲増進**
**梨、蓮根は気管支を潤す野菜**

材料　4人分

豚スペアリブ…700g
蓮根…200g
人参…150g
梨…1個
米油…大さじ1
A
蜂蜜(ない場合はきび糖)…大さじ1
生姜、ニンニク…各5g
B
米酢…150cc
黒酢…50cc
醤油…大さじ2
スペアリブ茹で汁…80cc
塩…小さじ1
甜菜糖…大さじ4
片栗粉…大さじ2

＊黒酢…長期熟成で独特のコクと風味、旨みがある。

**1**　圧力鍋にスペアリブ、かぶる程度の水(分量外)、**A**を入れて高圧に3分かける。茹で汁はとっておく。

**2**　蓮根と人参は乱切りにして10分ほど茹でておく。

**3**　梨は皮をむき、一口サイズに切る。

**4**　フライパンに米油を入れ**1**、**2**、**3**を強火で炒め、合わせておいた**B**をまわしかけて馴染ませ、同量の水(分量外)で溶いた片栗粉でとろみをつける。

●骨つきスペアリブはおいしいが、食べにくいのが難点。今回は圧力鍋で簡単に柔らかく食べやすくなるよう調理。

# 枝豆の炊き込みご飯

**大豆と緑黄色野菜の栄養価を併せ持つ枝豆。炊き込むと甘い**

**1** 枝豆はサッと茹でてサヤを除き、130gをとる。

**2** 米をざるに入れて流水で洗い、そのまま15分ほどおいて水を切る。

**3** 炊飯釜に米と塩を入れ、水（分量外）と分量の白だし醤油と酒を炊飯器の通常の分量まで入れる。

**4** **3**に枝豆を加えて炊く。

●枝豆が黒豆の場合は濃くて味がよいが、薄皮が黒いので半分でもはがすと見栄えがよくなる。

材料　6〜8杯分

枝豆… サヤを除いて130g
米… 3合
塩… 小さじ½
白だし醤油… 小さじ1
酒… 各大さじ2

＜枝豆の別名は「月見豆」＞
枝豆が成熟すると「畑の肉」といわれる大豆になります。枝豆を食べる習慣は日本から世界へ広がったようです。日本には季節ごとに海、山、里の豊かな自然の恵みがあり、未熟な豆のうちから食べられてきたのでしょう。枝豆は別名「月見豆」。お月見にはお供えし、豊かな恵みをくださることに感謝します。

# 鮎の炊き込みご飯

香ばしさが加わった鮎の香りで秋の味を楽しむ

**1** 鮎に軽く塩（分量外）をしてグリルで焦げ目がつくまで強火で焼く。完全に火が通らなくてもよい。

●忙しい時はスーパーで焼いてある鮎を買ってきてもおいしく手抜きできる。手抜きであっても、なるべく自然の素材を使うことを心がけたい。

**2** 米をざるに入れて流水で洗い、そのまま15分ほどおいて水を切る。分量の薄口醤油、白だし醤油、酒と水（分量外）を一緒に炊飯釜の通常の分量まで入れる。

**3** **2**の上に**1**をのせて炊飯する。

**4** 炊き上がったら鮎をとり出して骨を除いて釜にもどし、混ぜ合わせて身をほぐす。

●お弁当など冷えた状態で食べる場合は、冷えてもおいしい米、もち米とうるち米を掛け合わせた品種がおすすめ。

材料　6〜8杯分

鮎… 3尾
米… 3合
薄口醤油、白だし醤油、酒… 各大さじ1

# さつま芋羊羹

**切り分けると突如現れる満月**
**整腸作用があり、やさしい味**

材料　6人分
＊8×12×深さ4.5㎝の流し缶を用意。

さつま芋餡
- さつま芋…約150g
- クチナシの実…1個
- 白餡（市販）…70g

羊羹
- 水…150cc
- 粉寒天…3g
- こし餡（市販）…150g
- 塩…一つまみ

**1**　さつま芋餡／さつま芋は皮をむき、輪切りにして水にさらす。
**2**　茶葉パックにクチナシの実を割って入れ、水気を切った**1**と一緒に鍋に入れる。ひたひたの水（分量外）を加えて芋が柔らかくなるまで煮る。クチナシは黄色の発色をよくする。
**3**　**2**を熱々のうちにアミで漉し、白餡と混ぜる。さつま芋の茹で具合や水の切り方で水分量がかわる。また白餡もメーカーによって水分量が違う。混ぜ合わせる時に柔らかくしっとりする程度に調整する。
**4**　羊羹／鍋に水と粉寒天を入れて火にかけて混ぜ溶かす。沸騰してから2分ほどふつふつという程度の火加減で加熱したら、こし餡と塩を加えてしっかり溶かして火をとめる。
**5**　**3**を4等分して直径4㎝くらいの球体に丸め、流し缶に並べて**4**を流し入れる。
**6**　**5**を冷蔵庫に入れて1時間ほど冷やし固める。6等分に切る。

# ピーナッツ煎餅

**手軽にできる手作り煎餅**

材料　18枚分

**A**
- 国産中力粉…70g
- 甜菜糖…30g
- ベーキングパウダー…小さじ1/2

**B**
- 卵…1個
- 牛乳…10cc
- バター…5g

＊Bはすべて常温にもどしておく。
- ピーナッツ…50g

**1**　ボウルに**A**を入れてよく混ぜ合わせる。
**2**　**B**は別のボウルに入れてよく混ぜ合わせる。**1**とピーナッツを加え、ゴムベラなどでよく混ぜ合わせる。
**3**　中温のホットプレートで**2**を直径2～3㎝大に広げ、両面を焼く。中までじっくりと火を通す。
●ホットプレートの温度が高いと焦げやすい。

＜国産小麦粉で素朴な煎餅を＞
小麦やピーナッツのおいしさを感じやすい昔ながらの素朴な煎餅です。高級輸入小麦粉を購入できる時代ですが、灯台下暗し。案外と地元で採れた小麦もおいしいものです。ぜひ、国産の挽きたて小麦粉にも挑戦してみてください。
麦の収穫は5月末～6月初頭の頃。稲の収穫は秋であることから、麦の収穫時期を麦にとっての収穫の秋として「麦秋」と呼びます。

# 冬

## 旬の食材

寒い冬ですが、辛いことばかりではありません。厳しい寒さが葉野菜を甘くし、肉や魚は脂を蓄え、おいしくなるものが多々あります。寒さから守ってくれる冬の恵みを楽しみましょう。

### 大根

秋から冬にかけて甘みが強くなる。葉に近い部分は生食、中央は火を入れ、先端部は辛味があるのですりおろして薬味に使うとよい。葉部分は甘辛く炒めて保存したり、サッと湯がいて刻んだりして菜飯などに使う。

→48頁「根菜のグリル」

### 鱈《たら》

淡泊な味なので様々な料理に向く。鍋、煮つけ、揚げ物のほか、西京漬けにして焼いたり、アクアパッツアなど洋食や中華に使ってもおいしい。雄の精巣は白子と呼び、高級品として珍重されている。脂質が少なくローカロリー。

### ゆり根

主に鬼ゆりや小鬼ゆりの葉が変形した鱗茎（りんけい）。栄養分を蓄え、薬膳では体を温めるとされ、漢方薬にも使われる。ほのかな甘みと苦み、ねっとりしてホクホクした食感が特徴。おがくずに入れて販売される場合が多く、そのまま冷蔵庫で保管する。傷や黒ずみのないものを選ぶ。

→48頁「ゆり根和え」
→52頁「ゆり根の豆乳寄せ、シナモンシュガー」

### 小松菜

緑色が鮮やかなものを選ぶこと。アクが少ないので下茹でせずそのまま炒めたり、お浸しにできる。霜が降りる頃からおいしくなるとされる。

→49頁「治部煮」

### 蕪《かぶ》

かぶは白く光沢のあるものが良品。アクが少ないので、即席漬けやサラダにしても、煮炊きしてもおいしい。冬から春にかけてが旬で、春の七草のひとつ。

→48頁「ゆり根和え」

### 蓮根

蓮の地下茎。形がふっくらとして乳色白のものが良品。あまり白いものは漂白している可能性も。薄切りにしてサッと茹でるとシャキシャキとした歯ざわりが、すりおろして蒸したり揚げたりするとねっとりとした食感が楽しめる。蓮は、泥土の中で育ちながらもそれに染まることなく美しい花を咲かせる尊い花とされ、お釈迦さまも蓮台に座している。

→48頁「根菜のグリル」
→49頁「治部煮」

# ゆり根和え

ゆり根は体を潤し、温める
蟹入り豪華なポテトサラダ風

材料　6人分

ゆり根…大1個
小かぶ…1個
サヤエンドウ…9本
蟹身…適量
甘酢（→2頁）…少々
甜菜糖…小さじ1
牛乳、塩…各少々

1　ゆり根は1枚ずつはがしてきれいに洗う。耐熱容器に入れてラップ紙を軽くかけ、600Wの電子レンジで3分半加熱する。

●茶碗蒸しなどに使われるゆり根を今回は、ポテトサラダのように使ってみた。

2　小かぶは皮をむいて1cm厚さのいちょう切りにし、軽く塩をして水気を絞る。サヤエンドウはスジをとって斜めに半分に切り、サッと茹でる。

3　蟹身は粗くほぐし、甘酢を少量かけておく。

●市販の甘酢をなどで味を馴染ませておくとよりおいしくなる。

4　粗くつぶしたゆり根に牛乳と甜菜糖を入れてねっとりとするまで混ぜのばす。

5　4に2の小かぶ、サヤエンドウ、蟹身を加えてザックリと混ぜ、塩で味を調える。

●今回は蟹と合わせたが、ハムやキュウリなどでもよい。

# 根菜のグリル

オイルをからめグリルするだけ
食感と彩りがよい野菜を味わう

材料

蓮根、玉ねぎ、かぶ、じゃが芋、人参、パプリカなど…各適量
EXヴァージンオリーヴオイル…適量
塩、胡椒…各少々
*野菜は大根、カボチャ、しめじ、トウモロコシなど葉野菜以外ならばなんでも。パプリカは彩りで選んだ

1　蓮根は土を洗い流し、皮つきのまま薄めの乱切りにする。

2　玉ねぎ、かぶ、じゃが芋、人参は皮をむき、人参は小さめの乱切りにし、ほかは一口サイズのくし形に切る。固いものは小さめか薄めに切り、火の通りが均一になるようにする。

3　パプリカは2cm大ほどに切る。

4　すべてをボウルに入れ、EXヴァージンオリーヴオイルをかけてからめる。全体に馴染めばよい。

5　クッキングシートを敷いた天板か耐熱皿に直接4を広げ、210℃のオーヴンで25分ほど焼く。焼き上がれば軽く塩、胡椒をふる。

＜焼いて冬野菜の甘みを味わう＞

根菜も甘みを増し、おいしくなる季節です。焼くとより甘みが際立ちます。大皿で食卓へドーンと提供し、とり分けてもらうのもよいでしょう。手間も洗い物も少なく、栄養たっぷり。メイン料理のつけ合わせにも便利です。

# 治部煮

金沢の郷土料理をアレンジ
汁がしみた懐かしい味わい

材料　6人分

A
蓮根、人参…各適量
椎茸…6枚
油揚げ（厚め）…大2枚
鶏モモ肉…400g
小麦粉…適量
小松菜…1束

汁
二番出汁（→31頁）…600cc
味醂、濃口醤油、薄口醤油…各大さじ2
甜菜糖…大さじ2
柚子胡椒…適量

1　Aは一口サイズで厚みが余り出ないように乱切りにする。
2　油揚げは熱湯をかけて油抜きし、一口サイズに切る。
3　「汁」の材料を合わせて鍋に入れて加熱し、1、2を入れて中火で10分煮る。
4　鶏モモ肉はそぎ切りにし、小麦粉をまぶす。
5　3の野菜が柔らかく煮えたら4を一切れずつ鍋に入れて7分ほど加熱する。
6　小松菜はサッと茹でて水気を絞り、一口サイズに切って5に加えて汁にからめる。

● 治部煮は金沢の郷土料理。本来は鴨肉と車麩を使うようだが、鶏肉と油揚げで代用した。ちなみに地元では、片栗粉でとろみをつけたものは治部煮とはいわない。本来は小麦粉でとろみをつける。

＜温めること＞

北国の料理「治部煮」はもともと体を温める食材を熱々で食べることで、体の芯からほっこりすることができる、厳しい寒さの中で発展した料理です。さて、お腹に手をあててみて手の方が温かいことはありませんか？お腹、腸が冷えているとそうなります。そういう時はじっくりとお風呂に浸かり、体の中心までしっかりと温めると心までほどけていくのがわかるでしょう。体が温まってくるとプラス思考になります。冷えてしまった時や、気持ちが凹んだ時には、まず体を温めてみて下さい。

# 牛すじ煮

**貧血を予防し骨や筋を強化する**

材料　4～6人分

牛スジ肉…800g
ニンニク…1片
白だし醤油…大さじ1
酒…20cc
水…500cc（ひたひたになる量）
生姜…すりおろして少々

**1**　生姜以外の材料を圧力鍋に入れ、高圧で15分加熱する。

**2**　圧が下がって粗熱がとれたら**1**の圧力鍋を冷蔵庫、または涼しい部屋で冷まし、脂分を固める。固まった脂はとり除く。

●脂分をとり除くと、下に現れる汁はコラーゲンたっぷりでプルプル。脂をとり除くことでスジ本来の旨みが立つ。

**3**　**2**を温めて皿に盛る。すりおろした生姜を添える。

●スジから出るやさしい味を立たせる薄味のレシピだが、好みで醤油やみりんで調節してもいい。

＜牛スジ肉の良品には旨みがある＞

よい牛スジ肉は、スジだけで旨みがあります。旨みが少ないスジ肉は赤身をつけて売る場合もあるようです。良品を見分けるのはむずかしく、私は信頼する肉屋さんで購入します。その肉屋さんに相談しながら肉を選び、肉についての選び方や情報を学びます。おいしい牛スジ肉に出会ったら、調味料は控えめにして旨みを生かすように料理してみてください。

# 豚肉と生姜の炊き込みご飯

**生姜で食欲増進**
**高栄養で体にいいことを実感**

材料　4～6人分

米…2合
豚ロース薄切り肉…150g
**A**
酒…大さじ1
醤油…小さじ1
しめじ…100g
三つ葉（5㎜長さに切る）…1束分
**B**
酒…大さじ2
生姜（皮つきのまま細いせん切り）…50g
白だし醤油（薄口醤油でもよい）…大さじ2

**1**　米をざるに入れて流水で洗い、そのまま15分ほどおいて水気を切る。

**2**　豚ロース薄切り肉は一口サイズに切り、**A**をまぶして下味をつける。

●ビニール袋に入れて下味をつけると、洗いものを一つ減らせます。

**3**　しめじは一口サイズにほぐす。

**4**　炊飯釜に**1**の米と**B**、水（分量外）を通常の分量まで入れ、**2**、**3**を上にのせて炊く。

●豚の甘さと生姜の辛さで食が進むので、調味料はシンプルにする。

**5**　炊き上がったら切った三つ葉を加えて混ぜ合わせ、10分蒸らす。

●ご飯だけでボリュームがあるので、根菜類や芋類をたくさん入れた味噌汁や漬物と合わせるだけでもよい。

# 黒ちまき風

## ——炊飯器で簡単に

薬膳で黒い食物は腎臓を元気にするとか。眼精疲労にも

**材料** 6人分

- 干し椎茸…4枚
- 干し桜エビ…10g
- 黒豆…30g
- 人参…80g
- もち米…3合
- 黒米…大さじ1
- 焼豚…200g
- A
  - 醤油…小さじ1
  - オイスターソース…大さじ3
  - 胡麻油…少々

1 干し椎茸は400ccほどの水(分量外)に一晩浸けてもどし、出汁(もどし汁)をとる。もどした椎茸はせん切りにする。

● 一晩ほどおいた方が出汁も濃く、身もふっくらとおいしくもどせる。

2 干し桜エビは鍋に入れ、よい香りがするまで木ベラでかき混ぜながらから炒りする。

3 黒豆は鍋に入れて火にかけ、皮が弾けるまで炒る。

4 人参はせん切りにする。細すぎないように気をつける。

5 もち米と黒米はざるに入れて流水で洗い、そのまま15分ほどおいて水気を切る。炊飯釜にこの米を入れてAを加え、椎茸のもどし汁と水(分量外)を通常の水分量まで加える。

6 5に一口大に切った焼豚、他の具材1〜4を入れて炊く。

＜包まないちまきが重宝＞

桜エビのよい香り、干し椎茸の濃い出汁、焼豚の甘さ、香ばしい黒豆や黒米、もち米のモチモチ感。しっかりと味がついたご飯は家族が大好きな味です。「ちまき」は竹皮に包んで蒸すのが普通ですが、今回は炊飯器で簡単に調理します。このちまきだけで食事が完成するので、わが家では一食分ずつ小分けして冷凍しておき、忙しい時、電子レンジで温めて食事とすることもあります。栄養も腹持ちもよいです。

# 胡桃ゆべし

**胡桃の油分は肌を潤し、腸にもよく便秘解消にも役立つ**

材料　12切れ分

＊20cm大くらいのバットか深皿を用意する。

胡桃…30g
A 白玉粉…70g
　水…130cc
　甜菜糖…40g
　醤油…大さじ1/2
片栗粉…適量

1　胡桃は細かく割り、よい香りが立つまで弱火のフライパンで炒る。
2　耐熱ボウルにAを入れてよく混ぜて馴染ませる。
3　2にふわっとラップ紙をかけ、600Wの電子レンジで1分加熱してとり出し、急いでかき混ぜる。ふたたび3分加熱して同様にかき混ぜ、レンジにもどしてさらに2〜3分加熱してから胡桃を加えて混ぜる。
●一気に加熱するとダマになる。
4　バットか深皿にクッキングシートを敷き、片栗粉をふっておく。
5　4に3を流し入れ、ゴムベラでのばして均して冷ます。固まればバットからとり出して片栗粉をふりながら包丁で一口サイズに切る。

＜子どもと一緒にお菓子作り＞
冬に必要な油分を多く含む胡桃を使った素朴なお菓子で、家でも簡単に作れます。流通品には日持ちをよくする添加物が入っているのは残念なことです。安全なお菓子を子どもと一緒に作ってみてはどうでしょう。

# ゆり根の豆乳寄せ シナモンシュガー

**呼吸器の粘膜を潤すおやつ**

材料　6人分

ゆり根…200g
A 本葛…22g
　水…130cc
　グラニュー糖…70g
調整豆乳…250cc
シナモンシュガー…適量

1　Aを鍋に合わせ、ダマにならないようによく混ぜる。
2　ゆり根はつけ根に砂が入っていることがあるので、一枚ずつはがしてきれいに洗う。
3　2をすり鉢に入れてふわっとラップをかけ、600Wの電子レンジで3分ほど柔らかくなるまで加熱し、すりつぶす。
4　1の鍋に調整豆乳と3を加え、中火にかけて加熱しながら木ベラを使って練る。もったりする程度に固まったら器に盛りつけ、上にシナモンシュガーをふりかける。
●冷やしてもよい。

＜肺によいゆり根と体をほぐす葛＞
ゆり根をデザートにしました。わが家では多めに作りおき、レンジで温めてひと息つきます。寒い冬、体はカチカチに固まり、雲が垂れこめる日は気持ちも沈みがち。そんな時、温かい食べ物などで固くなった体や気持ちを解放しましょう。

# 3章

## いたわるレシピ 春夏秋冬

ゾクッとしたら風邪のひき初め。風邪は万病の元。昔は風邪で亡くなることもありました。なんとなく体調がすぐれない時には、栄養と休養をしっかりとることで病気にならずに済むことも多いものです。体調不良時は、温かく消化吸収のよい食事を用意しましょう。体を温めることで新陳代謝がよくなり、老廃物も排出されます。また、消化吸収がよいので消化に使うエネルギーも少なく、体力消耗を抑え、栄養を早く吸収して、元気になることに繋がります。わが家で重宝している、そんな「いたわるレシピ」をご紹介します。

いたわるレシピ

# 春

春は寒暖の差が激しく体調管理のむずかしい時季で、体を温めることに気をつけます。ゾクッとしたら温かい食事を摂って早く寝ること。不調を感じたら即養生することが大切です。

## 薬味

「香味野菜」の別名は「薬味野菜」。体を冷やす食材に温める効果のある「薬味」を添えることで冷え過ぎを予防することも可能で、体調に合わせて量を加減するなど工夫して使うとよい。

### 紫蘇(大葉)

お腹の冷えや痛みを温めて癒す。独特の香りで気分爽快に。

### 生姜

発汗作用があり、ひき初めの風邪に効果的。身体を温める。

### ねぎ

冷えから体を守る。冬は多くとるとよい。

### ニンニク

お腹を温める。強烈な香りは食欲増進にも。

### みょうが

熱を冷ます。独特の芳香が食欲増進効果。夏バテにも。

### 柚子

喉や体の渇きを癒す。消化を助ける。

## 茶碗蒸し生姜餡

干した生姜で体を温める
旨みあり。消化吸収が早く

材料　2人分

干し椎茸…2個
ゆり根…大¼株
卵…1個
A　干し椎茸もどし汁…130cc
　白だし醤油…小さじ1
B　水…50cc
　干し生姜(干姜→下記)…少々
　薄口醤油…小さじ¼
本葛…小さじ1
水…適量

**1**　干し椎茸はひたひたの水(分量外)に一晩つけてもどし、水気をしっかり絞ってごく薄く切る。もどし汁はとっておく。
●干し椎茸は消化が悪いので、できるだけ薄く切ることで胃の負担を軽減する。

**2**　ゆり根は一枚ずつはがしてきれいに洗う。

**3**　卵を割りほぐしてAと合わせ、アミで漉してなめらかにする。

**4**　器に1、2を入れて3を注ぎ、鍋に並べる。水(分量外)を器の高さの半分まで入れて蓋をし、強火で加熱する。蒸気が出はじめてきたらとろ火にして10分加熱する。

**5**　葛餡を作る。別の鍋でBを合わせて水から15分ほど煮だし、同量の水を加えて溶かした本葛を加えてとろみをつける。4に葛餡を流し、干姜を飾る。
●病中、病後、普段にもよい。ゆり根も干姜も加えず臨機応変に手抜きもOK。

*干姜(かんきょう)…漢方にもある乾燥させた生姜。生の生姜より温める効果が高いとされ、風邪のひき初めや体調がすぐれない時にお茶などと一緒に食べるだけで体が温まる。

**作り方**／1～2㎜厚さにスライスした生姜を15分ほど蒸し、ざるに広げてカリカリになるまで干す。たくさん作って常備すると便利。

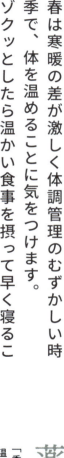

# 鶏と生姜粥

**鶏と生姜を一緒に炊くだけ**
**鶏肉も生姜も体を温める**

材料　6人分

白米…1合
鶏手羽元…6本
生姜（せん切り）…10g
水…1.6ℓ
鶏がらスープの素…大さじ1
クコの実…大さじ1
小松菜…1/3束

**1** 圧力鍋に、洗った白米、せん切りにした生姜、3cm幅に切った小松菜ほかすべての材料を入れて加熱する。

**2** 高圧になったら弱火にして5分加熱する。圧が下がってから盛りつける。味を見て必要ならば塩少々（分量外）を加えてもよい。

● 圧力をかけることで鶏骨に含まれる栄養のほか米からデンプンが出てくるので、とろんとしたスープのようなお粥になり、少量でも満腹感がある。
● 鶏手羽元は、骨と身をはずして盛ると食べやすい。

# 杏仁豆腐

**杏仁霜は咳を鎮める。乾燥時や気管支を患っている人に**

材料　120cc容量6個分

水…100cc
粉寒天…5g
牛乳または調製豆乳…400cc
A 練乳、牛乳…各100cc
　杏仁霜…大さじ2
ソース
　冷凍ラズベリーピューレ（解凍する）…適量
　冷凍苺（ダイス状）…適量
飾り
　ミント…適量

＊Aの牛乳分を生クリームにかえるとコクが出る。
＊杏仁霜…杏の種から殻を除いた「杏仁」をすりつぶして粉にしたもの。

**1** 鍋に分量の水を張り、粉寒天をパラパラとふり入れて混ぜ、寒天をふやかす。

**2** **1**を火にかけ、混ぜながらふつふつと来るまで加熱し、寒天を完全に溶かす。牛乳を加えてさらに混ぜながら加熱し、80℃になったら火からおろす。

● 牛乳を加熱しすぎると独特な香りになるので、混ぜて温度を均一にする。

**3** ボウルにAを合わせておき、**2**を少しずつ加えながらよく混ぜ合わせる。

**4** 器に**3**を分け入れ、室温で固める。冷蔵庫で冷やしてもよいが、室温で十分においしい。

**5** 解凍したラズベリーピューレにダイス状の苺を合わせてソースにして**4**にかけ、ミントを添える。

いたわるレシピ

# 夏

夏は、厳しい暑さで食欲不振になりがちです。
喉ごしのいいものを心がけましょう。
また虚弱体質や食欲不振の子どもには、栄養を
凝縮させた汁物を常に用意してあげましょう。

## もずく味噌汁

もずくを洗って入れるだけ
腸の調子を整える

材料　4杯分

生もずく（太め。塩蔵品は塩抜きする）…少々
一番出汁（→31頁）…650cc
味噌…65g

1　もずくは水で洗って水気を切っておく。

●もずくはワカメ同様に簡単に使え、豊富な食物繊維で腸の働きを整えてくれる

2　出汁を沸騰させ、1を加えて火をとめる。出汁少々でのばした味噌を加え混ぜ合わせる。

●味噌は大豆そのものよりも消化吸収がよい。味噌汁には太いモズクが適している。

## 和風トマトスープ

鰹出汁とトマトの酸味を凝縮
和食にも洋食にも合う

材料　3人分

調味出汁（→31頁）…500cc
●出汁は昆布10g、鰹節50gで濃いめにとる。
トマトピューレ…50g
信州味噌…小さじ1

調味出汁を鍋に入れて沸騰させ、トマトピューレと味噌を加えて一瞬沸騰させる。

●このスープは、濃い鰹出汁とトマトの旨みで味が完成する。鰹100％の削り節を使い、鰹節を加える温度など正確に出汁をとること。

●フレッシュトマトを使う場合は、味の濃い良質のトマトを。

## 梅ご飯

食欲不振時でも食べられる
梅で夏場のご飯の防腐効果も

材料　4人分

米…2合
酒…大さじ½
梅干し…大4粒
＊米…冷めてもおいしい、もち米とうるち米を掛け合わせた品種がおすすめ。

1　米はざるに入れて流水で洗い、そのまま15分ほどおいて水気を切る。

2　1と酒、つぶした梅干しを種ごと加えて通常通りに炊く。

3　炊き上がったら梅干しの種を除き、ほぐし混ぜて盛りつける。塩吹き昆布などがあれば添えてもよい。

●梅は万能薬。昔から、むくみなどの「水の毒」、血管が詰まるなどの「血の毒」、腹痛などの「食の毒」である三毒を断ち、体調を整えるといわれてきた。

秋は食べて体に栄養を蓄える時季です。
体についた脂肪は内臓を寒さから守ってくれます。
体が温まることで気持ちもほっとできるでしょう。

## 体の調子を整える 調味料

**醤油、味噌**
発酵食品。体の調子を整える。

**塩**
炎症を鎮めるといわれる。ミネラル豊富な天然塩がおすすめ。

**酢**
血行をよくする。長期熟成を経て醸造する黒酢は特にアミノ酸やミネラルが豊富。

**酒**
料理の風味をよくする。

**黒糖**
ミネラルやビタミンを多く含むので疲労回復効果も高い。

**甜菜糖、きび糖**
精製度が低い砂糖が体への負担が少ない。甜菜糖には体を温める効果が、きび糖には冷ます効果がある。

**油**
胡麻油、オリーヴオイル、米油など。乾燥を潤す効果。

## 里芋のスープ

腹持ちもよく、サッと飲める
登校前の朝食にも重宝

材料　6人分

里芋…350g
＊里芋の代わりにさつま芋、人参、カボチャなどでも。
玉ねぎ（みじん切り）…100g
バター…8g
コンソメ…3g
ローリエ…1枚
水…250cc
塩…小さじ¼
A
白味噌…大さじ1
牛乳…150cc
生クリーム…50cc
カボス（スライス）…6枚
白胡椒…適量

1　里芋は皮をむいて1cm角に切り、水に浸けてぬめりをとる。
2　鍋にバターを入れて熱し、みじん切りの玉ねぎをよく炒める。玉ねぎが透明になったら1の里芋を加え、甘い香りが立つまで炒める。
3　コンソメ、ローリエ、水、塩を2に加えて13分ほどコトコトと煮る。ブレンダーにかけてピューレ状にし、鍋にもどす。
4　3にAを加えて白味噌を溶かし、少し加熱して温める。味をみて、必要ならば水を加えて調節する。
●隠し味の味噌が体調を整える。生クリームは純正品を使う方が消化吸収がよい。生クリームを加えず、牛乳200ccで作ってもよい。
5　カボスのスライスと白胡椒を上にのせる。
●柑橘類を上にのせると爽やかになる。

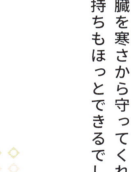

# サーモンチャウダー

**サーモンの旨みと野菜の甘さ 牛乳控えめの軽いスープ**

材料　6人分

生サーモン…2切れ
バター…10g
**A** 玉ねぎ…150g
セロリ…20g
人参…100g
じゃが芋…150g
ベーコン…60g
**B** 水…400cc
塩…小さじ¼
無添加コンソメ…3g
ローリエ…1枚
**C** 牛乳…300cc
信州味噌…小さじ2
パセリ（刻む）…少々

**1** **A**はすべて1cm角に切る。
**2** 鍋にバターを溶かし、**A**をまんべんなく木ベラで混ぜながら甘い香りがするまで炒める。
●炒める作業は重要。野菜は余分な水分を蒸発させると甘さが強くなる。
**3** **B**と骨を抜いてサッと洗った生サーモンを切り身のまま**2**に加えて12分煮る。
**4** **3**に**C**を加え、温まったら火をとめる。サーモンはお玉の背で軽く押し、皮をとり除く。身は簡単にほぐれる。器に盛り、刻んだパセリを飾る。
●サーモンの皮にも栄養があるが、体が弱っている時は魚臭を感じやすいのでとり除いてもよい。サーモンと味噌の相性は抜群。
●コンソメは通常目安の¼程度と控えめにすることで、野菜の甘味とサーモンの旨みを際立たせる。

# 柿と甘酒

**柿はビタミン豊富。ただし体を冷やすので明るいうちに食す**

材料　3人分

柿（種なし）…大1個ほど
レモン汁…小さじ½
甘酒（2倍濃縮）、牛乳…各75cc

**1** 柿は皮をむき、ミキサーでピューレ状にして150ccをとり、レモン汁を加え混ぜておく。
**2** 甘酒と牛乳を混ぜ合わせておく。
**3** 器に**1**を入れ、**2**をそっと注いで重ね、2層にする。

＜柿の木と栄養＞

柿の木は比較的栄養の少ない土地でも育ちますが、「柿が赤くなると医者は青くなる」といわれるほど栄養があり、屋敷にも植えることが多かったようです。植える場所は、風呂場あたり。薪を燃やして風呂を沸かす煙が柿の木を燻すので、害虫もつきにくくなるのが理由だとか。秋には実をつけますが上の方は収穫せず、食べるものが少なくなる冬のご馳走にと鳥たちにお裾分けします。

いたわるレシピ

# 冬

冬は体を温める性質の食材や、乾燥から守ってくれる
食材を温かく調理して体をいたわりましょう。
寒さで固くなった体がほぐれていきます。

## 玄米小豆粥

小豆は老廃物を出し
水分代謝を整える

材料　6人分

玄米…1合
小豆…50g
水…1.4ℓ

**1**　玄米は強くもむように洗い、小豆は軽く洗う。
**2**　1を鍋に入れ、水を加えて強火で炊く。沸騰後弱火にして30〜40分。

●玄米はきれいに洗って2時間ほど吸水させておくと、30分弱で炊き上がる。また、大きめの鍋で調理すると吹きこぼれの心配も少なくなる。

＜玄米と小豆＞

玄米の香ばしさと小豆の自然な甘さを感じるお粥です。私の経験では、朝にこのお粥を少量食べると昼食まで空腹知らずのことが多く、栄養が足りるからか不思議と甘い菓子などを欲しなくなります。ダイエットにもいいかもしれません。

ちなみに、神社で売られている多くの厄除け団子は、小豆＋餅（米）。日本では、小豆には厄を除ける力があると信じられています。

## 鶏つみれ椀

**良質なたんぱく質で温まる**
**おもてなし料理にも**

材料　6人分

鶏モモ肉（上質のもの）…400g
塩、胡椒…各適量
薄口醤油…小さじ1
鶏ガラスープの素…小さじ2
片栗粉…小さじ1
卵白…1個分
三つ葉（茹でる）、柚子の皮…各適量
調味出汁（→31頁）…1.2ℓ

**1** 鶏モモ肉は皮をはずして3cm角に切る。塩、胡椒と薄口醤油、鶏ガラスープの素、片栗粉を馴染ませ、ブレンダーで粗くピューレ状にする。

**2** 1に固く泡立てた卵白を加え、ゴムベラなどで切るように混ぜ合わせる。

**3** 鍋に調味出汁を入れて温め、2をテーブルスプーンですくって形を整えてはそっと入れ、弱火で火を通す。器に盛り、茹でた三つ葉と柚子の皮を添え、蓋をする。

＜鶏肉は体を温める＞
鶏肉は体を温める効果が高いので、体が弱っている時によいといわれています。気分がすぐれず肉を食べにくい場合は、汁だけでも飲むようにすすめてみましょう。

## 葛とりんごのホットドリンク

**葛を使った簡単風邪予防薬**
**葛を多めにしてゼリー風にも**

材料　1人分

本葛…小さじ1
りんごジュース…150cc

**1** 鍋に本葛とりんごジュースを合わせてよく混ぜて葛を溶かしておく。

**2** 1を混ぜながら加熱して温める。とろみが出てきたら沸騰する前に火からおろす。

＜風邪のひき初めには葛＞
風邪薬「葛根湯」の主成分は葛です。風邪で咳が出てきたら温かい葛入りの飲み物で体を癒すとよく、ドリンクだとまた目先がかわります。大人には、日本酒を2滴ほど垂らすと甘い香りが変化してお洒落な飲み物にも。好みで水で薄めたり、糖分を加えたりして味を調節するとよいでしょう。

# 4章

## 幸せを願う行事食

日本には伝統的な行事がたくさんあります。様々な行事の根底にあるものはすべて、
無病息災と五穀豊穣―私たちの幸せ―に繋がっています。
その中に子どもが主役の行事がいくつかあります。
いずれも季節の食べ物や身近にある花、道具などを用い、
子どもの幸せを願ってとり行われ、そのほとんどは食べることで完結します。
行事それぞれの由来をまず親が知り、子どもにも正しく伝えていくことで、
日本の文化や食の大切さを理解できることでしょう。親も成長できるよい機会です。
重ねられた楽しい思い出は子どもが親となっても忘れ去ることなく、
子どもの幸せを願う気持ちとともに、また次の世代へと継承されていくことでしょう。

幸せを願う行事食

# 御食い初め

- 鯛の塩麹焼き(→69頁)
- 南瓜の胡桃とココナッツミルク和え
- お赤飯
- はまぐり吸椀

日本では、子どもが生まれて100日めに「健やかな成長」と、「一生食べ物に困りませんように」という願いを込めて「御食い初め」という儀式を行います。

縁起のよい食材で一汁三菜をそろえます。厄除けの意味を持つお赤飯を炊き、めでたいに通じる「鯛」を焼き、ぴったりと合う伴侶に恵まれるよう「蛤」の椀物、「野菜」を煮炊きしたもの、「香のもの」などを用意します。

ようやく離乳食がはじまる頃で、まだ食べることができないので、家族がお箸で食べ物をつまみ、子どもの口に少しつけることでその子の幸せを願います。お食い初めのやり方は地方により様々で、石を口のあたりに持っていき、「丈夫な歯が生えますように」と願いを込める「歯がための儀式」を一緒に行う地域もあるようです。

現代では「お食い初めセット」を用意する料理屋もあり、利用される方も多いようです。私が親になった頃は家で用意しました。小ぶりですがお頭つきの鯛を塩焼きし、旬の野菜を炊いたもの、貝汁などを用意しました。何より子どもが幸せに生きていけるように祈る食事を用意してあげられることは、喜びでした。

# 南瓜の胡桃とココナッツミルク和え

ねっとりして香ばしい味わい

材料　4人分

カボチャ…250g

A
- 胡桃（くるみ）…20g
- きび糖または甜菜糖…小さじ1

ココナッツミルク…大さじ3

＊カボチャ…カボチャの一種、甘めのバターナッツスカッシュでもよい。

1 カボチャは一口サイズにカットして鍋に入れ、少量の水（分量外）を加えて蓋をして8分ほど加熱する。柔らかくなったら煮汁を捨てて、しっとりとする程度までから炒りする。

●カボチャの水分を飛ばす様に加熱すると甘味が立つ。

●600Wのレンジで5分加熱してもよい。その場合、出た水気はキッチンペーパーで拭きとること。

2 Aをすり鉢でする。1とココナッツミルクを加えて和える。

# お赤飯

小豆は固めに茹でるのが大切

材料　6人分

小豆…50g

もち米…2合

小豆の茹で汁…炊飯器の水分量

好みで胡麻塩…適量

1 小豆は洗い、一晩水に浸ける。

2 1をざるにあける。小豆の水気を切って鍋に入れ、たっぷりの水（分量外）を加えて水から茹でる。アクが出てきたら鍋ごとシンクへ置き、水を少しずつ垂らしてたっぷりの新しい水と入れ替える。

3 2を20分ほどコトコトと中火から弱火で加熱する。指で押してつぶれるが少し固いという程度まで茹でる。茹で汁はとっておく。

4 もち米をざるに入れて流水でやさしく洗い、そのまま15分おいて水気を切る。もち米を炊飯釜に入れ、3で残しておいた茹で汁を炊飯器の分量のメモリまで入れ、塩一つまみ（分量外）と3の小豆を入れて炊く。食べる時に胡麻塩を添えてもよい。

●小豆を使ったお赤飯は厄除けとされる（→60頁「玄米と小豆」）。

●もち米は柔らかいのでやさしく洗う。

# はまぐり吸椀

はまぐりは身が柔らかく出汁もよく出る

材料　6人分

はまぐり…18粒

＊真空パックのものを使うと簡単。

酒…大さじ2

A
- 水…1ℓ
- 昆布…8g

B
- 白だし醤油…大さじ1
- 塩…一つまみ

1 Aを合わせて一晩おく。

2 はまぐりは3％の塩水（分量外）に浸け、暗くなるように蓋をして1〜2時間おいて砂を抜く。水できれいに洗う。

3 鍋にはまぐりと酒を入れ、蓋をして加熱する。殻が開いたらAの出汁材料とBを加えてひと煮立ちさせ、昆布を除く。アクが出たらとり除く。

●彩りに三つ葉などを添える場合は、はまぐりの香りを損なわないようにほんの少しだけにすること。

幸せを願う行事食

# 上《じょう》巳《し》の御節句

（新暦もしくは旧暦の3月3日）

- 春爛漫バラちらし寿司
- 春野菜の黄身酢味噌和え
- はまぐり吸椀（→65頁）
- おこしもの菓子

お雛様を飾り、女子の健やかな成長と、相性がぴったりの良縁を願います。ちょうど盛りを迎える桃花の季節で、別名「桃の節句」とも呼ばれます。

中国の古事には、力があるとされる桃枝で白酒を混ぜることで桃の力を酒に移していただくとあります。お酒の効果で血流がよくなるので頬が少し赤くなり、健康的になると喜ばれてきたようで、これが現代では甘酒をいただく風習になっています。

そのほか、新芽が出だした頃のヨモギは女性特有の病気に効果があるといわれ、草餅や菱餅にしていただきます。華やかな散らし寿司やはまぐりの汁物もいただきます。また尾張から三河にかけては「おこしもの」という米粉を使った伝統的な郷土菓子を作ります。白いもち粉に赤、黄、緑などの鮮やかな色をつけて、梅や二枚貝、菱形やお雛様などの縁起のよい形の型で抜いて蒸したお菓子です。

山を一つ越えれば違う文化がある日本ですが、根底にある祈りは同じです。

# 春爛漫 バラちらし寿司

**蟹と旨みのあるサーモンを使って彩りよく華やかに**

材料　6人分

*2.5cm大の梅花形のぬき型を用意する。

米…3合
寿司酢（→2頁）…90cc
蓮根…150g
白だし醤油…適量
三つ葉…1束
錦糸玉子
　卵…3個
　片栗粉…小さじ½
　牛乳、味醂…各大さじ1
　米油…適量
蟹ほぐし身…200g
甘酢（→2頁）…適量
トラウトサーモン…4切れ
太白胡麻油…大さじ1
A　酒…大さじ3
　塩…小さじ1
生姜の甘酢漬け（刻む）…適量
菜の花、人参、いくら醤油漬け…各適量

**1**　米はざるに入れて流水で洗い、そのまま15分ほどおいて軽く水気を切る。寿司飯用に水の量は控えめにして炊く。

**2**　蓮根は皮をむき、1㎜厚さの1cm角に切って水にさらす。酢（分量外）を少量入れた湯でサッと茹でて水気を切り、白だし醤油大さじ1で和える。

**3**　三つ葉はサッと茹でて1cm長さに切っておく。

**4**　「押し寿司」の**3**（→73頁）を参照して錦糸玉子を作る。

**5**　**1**の炊きたてご飯を湿らせた桶に入れ、寿司酢をまわしかけながら切るように混ぜ、**2**、**3**を加えて混ぜ合わせる。

**6**　蟹のほぐし身は甘酢少量をかけて馴染ませておく。

**7**　トラウトサーモンは小骨をとり、大白胡麻油を引いたフライパンで少し焼いてから**A**を入れて蓋をして7分加熱する。皮をとり除き、ほぐす。

**8**　器に**5**の寿司飯をふっくらと盛って生姜の甘酢漬けをのせ、**4**の錦糸玉子と**6**、**7**、茹でた菜の花、サッと茹でて梅花形に型ぬきした人参、いくら醤油漬けを盛る。

●春になると色が溢れてくる。桃色、黄緑色に黄色が加わると一気に華やかな春ご飯になる。

●酢は防腐効果があるが、お弁当にする際は生ものを除くこと。

# 春野菜の黄身酢味噌和え

**黄身酢味噌は万能ソース**

材料　4人分

サヤエンドウ…10本
わけぎ…1束
黄身酢味噌
　卵黄…1個分
　寿司酢（→2頁）、酒…各大さじ1
　白味噌…大さじ1・½

**1**　サヤエンドウはスジをとり、沸騰した湯で1分茹でて水にくぐらせて色止めをする。斜め2等分にする。

**2**　わけぎはきれいに洗い、沸騰した湯で3分ほど茹で、3cm長さに切る。

**3**　黄身酢味噌の材料をボウルに合わせ、湯煎にかけながらもったりしてくるまで泡立て器で混ぜる。この時、アルコール分も飛ばす。

**4**　**1**と**2**を合わせて器に盛り、**3**の黄身酢味噌を添える。

●黄身酢味噌は冷蔵で4〜5日は保存可能。シーフード、肉料理、生野菜などに添えてもよい。

# おこしもの菓子

**三河・尾張のお雛菓子**
**脳のエネルギー源に**

材料　12個分

*直径約6.5cmの桃と帆立貝の木型を使用する。

A　米粉…225g
　もち粉…22g
熱湯…140cc
食用色素（赤、黄、緑）…各適量
米粉（打ち粉として）…適量
タレ（合わせておく）
　黒ゴマきな粉（市販）、和三盆、醤油1：1：1

*もち粉…もち米を水洗いして乾燥させ、粉にしたもの。求肥などにも用いる。

**1**　**A**をボウルに入れて混ぜ、熱湯を加えて最初は箸で混ぜ、冷めたら手で混ぜて生地をつくる。均一になるまで混ぜて、塊状になればよい。

**2**　**1**の生地の一部をとり、少量ずつに分けて各色素で色づけする。色づけした各生地を小豆大にとって丸め、小さい色玉を16個ずつ作る。

**3**　**1**の白い生地の残りを16等分に分けて丸める。**2**を1色ずつ3つ、白い生地それぞれに押しつける。

**4**　木型に米粉をふり、**3**を型で押してぬく。

**5**　蒸し器に**4**を入れ、中火から弱火で15分蒸す。混ぜ合わせたタレをつけて食べる。

●米粉がなければ、型と餅の間に濡れたガーゼを敷いて型ぬきしてもよい。

●できたてはそのまま、固くなったら加熱して食べる。2〜3日で食べ切ること。

＜お雛菓子への思いは皆同じ＞

河や山を一つ越えれば違う文化があります。東海道沿いだった岡崎市は昔から栄え、お雛菓子は餡入りの餅に色をつけたもの。その隣の三河辺りは昔、産業もない田舎で、クズ米を春らしい色に染めて縁起のよい形にぬいた「おこしもの」でした。貧富の差こそあれ、華やかなものが多く、「少しでも幸せに」と思う親の気持ちは同じです。

幸せを願う
行事食

# 端午の御節句

（新暦もしくは旧暦の5月5日）

- 白和え
- お赤飯（→65頁）
- わか筍のおすまし
- 鯛の塩麹焼き

男子の健やかな成長と立身出世を願います。ちょうど菖蒲が盛りの頃で、「菖蒲」を「尚武（武道などを大事に思う精神）」にかけて菖蒲の葉を湯船に浮かべて「菖蒲湯」に浸かります。菖蒲の葉には微量な殺菌成分も含まれるようですが、その形から見えない邪悪なものを剣で切るという厄除けの意味にも繋がっているようです。

時代とともに行事の仕方も変わってきましたが、武士が台頭してきた鎌倉時代には男子の立身出世を願い、「兜」を飾って「のぼり」を立てるようになり、江戸時代になると町民たちの間で中国の登竜門の伝説（黄河の急流を登った鯉が龍になったという話）にちなみ「鯉のぼり」を飾るようになりました。

この行事では、魚の王様である鯛のお頭つき、厄除けを意味するお赤飯、早い出世を願って成長の早い筍、新芽が出るまで古い葉が落ちないことから子どもが成長するまで親が死なないという縁起のよい柏木の葉で包んだ柏餅といったものをいただきます。

## 白和え

筍のシャキシャキ感もよく
やさしい味わい

材料　4人分

木綿豆腐…¼丁
筍…1本（うち100gを使う）
米ぬか…一握り、唐辛子…1本
ワラビ（下処理済み→26頁「ワラビとおかか」1〜2）…適量
サヤエンドウ…適量
**A** 白胡麻ペースト…大さじ2
　だし醤油（市販）…小さじ1
　二番出汁（→31頁）…少々

**1**　木綿豆腐は重石をして30分おいて水気を切る。

**2**　筍は薄皮を残して皮をむき、先端に少し切込みを入れる。米ぬか、唐辛子と一緒に圧力鍋に入れ、沸騰してから圧をかけて8分加熱し、そのまま冷ます。米ぬかを洗い流して100gをとり、2〜3cm長さのせん切りにする。残りは水に浸けて密閉容器で保存する。

●茹で筍でもよい。

**3**　下処理済みのワラビは汁気を切って2〜3cm長さに切る。サヤエンドウはスジをとって1分ほど茹で、2〜3cm幅に切る。

**4**　すり鉢に**1**を入れ、なめらかになるまですりこぎですりつぶし、**A**を加え混ぜる。

**5**　**2**と**3**を**4**に加えて和える。

## わか筍のおすまし

筍、ワカメがおいしい季節
アク抜き済みの筍だと簡単

材料　4人分

ワカメ…適量
筍（アク抜き済み）…100g
山椒の芽…適量
調味出汁（→31頁）…800cc

*筍（アク抜き済み）…→上記「白和え」2。
市販の水煮でもよい。

**1**　ワカメは軽く洗い、水に少し浸けて塩抜きしておく。

**2**　筍、ワカメを一口サイズに切る。

**3**　調味出汁に**2**を加えてサッと加熱し、器に盛る。山椒の芽を添える。

## 鯛の塩麹焼き

美しく栄養価が高い魚の王様
「腐っても鯛」と称され美味

材料　鯛1尾分

鯛…1尾（体長約40cm）
塩麹…大さじ3
粗塩…適量

**1**　鯛は鱗と内臓をとり除く。

**2**　お腹の内側から全体に塩麹を塗り広げてラップ紙で覆う。そのまま2時間おく。

●塩麹のほかにフレッシュローズマリーやタイムを入れると洋風になる。

**3**　粗塩を使って化粧塩をする。全体に薄く塩をこすりつけ、尾びれは広げながら作業する。

**4**　皮がパリッとするまで焼く。今回のように大ぶりの場合は210℃のオーヴンで20〜25分、小ぶりのものなら中火の両面グリルで18分ほど。

●グリルの場合、ヒレを立てると焦げるので立てないようにする。大きさにより加熱時間の調整が必要。

幸せを願う
行事食

# 七夕の御節句

（新暦もしくは旧暦の7月7日）

- 素麺　青柚子入り
- 胡瓜と麩の酢の物
- 豚角煮

針仕事などの技芸上達を願う行事です。七月七日の夕方のことを「七夕」と云います。日本の宮廷の女人たちの間では「乞巧奠《きこうでん》の儀」という行事がありました。その字の通り「乞」は「願う」。「巧」は「たくみ」。「奠」は「まつる」という意味で、技芸（裁縫）上達を願う行事でした。これに中国から伝来した彦星と織姫の話と、棚織女《たなはたつめ》信仰が融合して現在の七夕となりました。

私も子どもの頃は、七夕の朝、里芋の葉に集まった朝露で墨をすり、短冊に「習字がうまくなりますように」などと願いを書き、こよりを作って短冊を笹に結びました。

裁縫上達祈願でもあった名残りで糸に見立てた素麺をいただきます。素麺は、幼児や老人も食べやすく、薬味を使うことで食欲増進にもなる食べ物です。

最近では恋愛の象徴になっている七夕ですが、本来は勤労を対象にした行事でした。毎日、あたりまえのことをあたりまえにできることは尊いことです。何事もコツコツと確実にていねいにできると花が咲き、実が成る人生となるでしょう。

＊棚織女…機織り女の意。古代に選ばれた処女が機を織りながら遠来の神を待つ儀礼があった。

## 素麺　青柚子入り

喉ごしもよく、見た目も涼やか

材料　3人分

素麺（極細麺）…3束
青柚子…ピンポン玉大2個
昆布出汁
　昆布…10g
　水…1ℓ
A
　昆布出汁（→右記）…900cc
　白だし醤油…30cc
　塩…小さじ¼強
氷…適宜

**1**　昆布出汁の材料は合わせて冷蔵庫で一晩寝かせる。
**2**　翌日**1**を漉して900ccとって鍋に入れ、**A**のほかの材料を合わせてひと煮立ちさせて冷まし、つゆを作る。冷蔵庫で冷やしておく。
**3**　素麺を茹でる湯をたっぷり沸かす。
**4**　青柚子をスライサーで薄く輪切りにする。
**5**　素麺を茹でてざるにあけ、水でよく洗う。水気をよく切る。
●茹で上がりにぬめりをよく洗い落とすこと。
**6**　器に**2**のつゆと水気を切った素麺を入れ、**4**と氷3個ほどをのせる。
●味が薄いこのレシピには極細麺が合う。極細麺は、熊本・南関そうめん「肥後手延べゆきやぎ」、奈良・三輪山本「白髪」が有名。

## 胡瓜と麩の酢の物

熱をとる夏野菜と疲労回復
作用がある酢で口あたりよく

材料　3人分

きゅうり…1本
巻き麩…8g
塩…小さじ1
土佐酢（合わせておく）
　米酢…大さじ1
　薄口醤油…小さじ1
　一番出汁（→31頁）…100cc

**1**　きゅうりは薄く斜め切りにし、塩をしてしばらくおいてから水気を切る。
**2**　麩は水でもどして水気を絞る。
**3**　土佐酢に**1**、**2**を入れて馴染ませる。
●出汁をきかせた土佐酢で合わせる。大人には、花椒を適量加えるのもおすすめ。
●瓜類など夏野菜の多くは身体にこもった熱を冷ます。

## 豚角煮

食欲が減退しがちな暑い夏に
肉でスタミナ、元気をつける

材料　4人分
＊1㎝大ほどの星形のぬき型を用意する。

豚バラ塊肉…500g
大根…15〜16㎝
A
　濃口醤油…80cc
　水…700cc
　きび糖…大さじ1
　酒…80cc
　ニンニク、生姜…各1片
茹で玉子…4個
茹でた青菜、人参…各適量

**1**　豚バラ塊肉はブツ切りにし、大根は皮をむいて2.5㎝幅の半月切りにする。**A**と一緒に圧力鍋に入れ、高圧に10分かける。
**2**　圧が下がったら密閉保存袋に茹で卵と一緒に煮汁ごと入れ、半日以上煮汁に漬ける。
**3**　人参は約5㎜幅の輪切りにし、柔らかく茹でてから型ぬきする。
**4**　**2**を卵は縦半分に切り、器に盛る。茹でた青菜、**3**を添える。
●食べにくい場合は、せん切りにした生姜や大葉などの薬味を添えるとよい。。

幸せを願う行事食

# 七五三

（11月15日）

・押し寿司
・海老真薯汁椀

3歳、5歳、7歳を迎えられた感謝を神様にご報告申し上げ、子どもたちへのご加護を祈願する行事です。正装をして神社へ出向き、神様に感謝を申し上げます。正装をするのは感謝の気持ちを表すためです。

昔は生存率が低く、体力がつく七歳まで生きられたら少し安心できたのでしょう。毎回、長寿の願いを込めた「千歳飴」をいただきました。千歳飴は細く長いその形から、「長生き」という意味があるとともに、清らかさを表す白、厄除けの紅に着色され、長寿を表す鶴亀や縁起のよい松竹梅などの図案が描かれた袋に入れられています。現代も健康第一ですが、昔はもっと強い思いがあったのですね。

七五三の行事は関東発祥ですが、元々は宮中で行われてきた「髪置きの儀」「袴着《ちゃっこ》の儀」「帯解きの儀」に由来します。

*髪置きの儀…三歳のお祝い。この時から髪をのばしはじめたようで、櫛を頭にあてて健やかな成長と白髪になるまで長生きできるように祈る儀式。

*袴着の儀…五歳を迎えた男子が初めて袴を身に着け、公家たちの間で広まっていた囲碁の盤に立ち、吉方位に向かって飛び降りる儀式。男子の健やかな成長と長寿を祈る。

*帯解きの儀…七歳になると女子は紐つきの着物に代わり、本裁ちの着物を着て丸帯を結ぶ。この日から自分で帯を結んだ。一人前の大人としての自覚を持つ儀式。

# 押し寿司

**前夜に作りおきＯＫ**
**具材は子どもが好む甘辛味に**

材料　4人分

＊内寸18×5.5×高さ3cmの押し寿司の型を用意する。

干し椎茸…3枚
かんぴょう…10g
Ａ　醤油、味醂、酒、ザラメ糖…各大さじ3
　　干し椎茸もどし汁…200cc
米…2合
寿司酢（→2頁）…60cc
錦糸玉子
　卵…3個
　片栗粉…小さじ½
　牛乳、味醂…各大さじ1
　米油…適量
蓮根、三つ葉、桜花の塩漬け…各適量

**1**　干し椎茸は半日から一晩水でもどして薄く切る。もどし汁はとっておく。

**2**　かんぴょうはもみ洗いして一口サイズに切り、**1**と**Ａ**と一緒に鍋に入れ、30分ほど柔らかく炊く。

**3**　錦糸玉子の材料は、片栗粉を同量の水（分量外）で溶いてから合わせて混ぜ、米油を引いたフライパンに薄くのばして弱火で焦げないように焼く（薄ければ薄いほどよい）。焼き上がったものを丸め、細いせん切りにする。

**4**　蓮根は1mm厚さの1cm角に切り、サッと茹でる。三つ葉はサッと茹でて5mmほどの長さに切る。

**5**　67頁「春爛漫バラちらし寿司」**1**、**5**を参照して寿司飯を作り、**4**の蓮根と三つ葉を混ぜる。

**6**　押し寿司の型に**3**の錦糸玉子を薄く敷き詰め、半分の高さまで**5**の寿司飯を広げる。**2**の椎茸とかんぴょうを薄くのせる。さらに寿司飯を入れて型で押す。

**7**　**6**の型の上下を返して器に盛りつけ、型を除く。水で洗って塩を落とした桜花の塩漬けを飾る。

●さっと煮含めた海老や穴子を入れるとよりおいしくなる。

●行事の時は慌ただしくなりがち。寿司は生ものをのせないで、事前に作りおきするとよい。

# 海老真薯汁椀

**はんぺんを使えば簡単に作れ**
**見た目は料亭風**

材料　6人分

海老…80g
白はんぺん…25g
Ａ　卵白…¼個分
　　塩…一つまみ
　　片栗粉…小さじ½
しめじ…一握り
出汁
　昆布…5g
　鰹節…30g
　水…1.5ℓ
　白だし醤油…大さじ2
　塩…小さじ¼
三つ葉…1束
柚子皮（薄くむいたもの）…適量

＊海老…アルゼンチン産天然赤海老が使いやすい。予算があれば車海老で。

**1**　海老は背ワタをとり除いて1cm大に、白はんぺんは1cm角に切る。**Ａ**と一緒にブレンダーにかける。

**2**　材料欄の「出汁」の分量で、「一番出汁」（→31頁**1**〜**4**）を参照して濃いめの出汁を引いて調味出汁を作っておく。

**3**　鍋に**2**としめじを入れて加熱する。**1**をテーブルスプーンで成形して落とし、蓋をして中火から弱火で10分ほど煮る。

**4**　器に盛り、三つ葉と柚子皮を添える。三つ葉の代わりに茹でた小松菜などでもよい。

＜日本人がよく食べる縁起がよい海老＞

海老はお祝いの席にはかならず登場する縁起がよい食べ物の一つです。背が丸くなる姿は長寿を連想させ、海老の赤は厄難を祓う色の一つです。栄養もあって頻繁に食す海老ですが、近年は薬漬けにされた粗悪な養殖ものも出まわっていますので、気をつけましょう。

幸せを願う行事食

# 十三参り

- おむすび
- 春野菜とささ身のサラダ
- 牛蒡のスープ

男女とも数え年の13歳で行うお祝いです。大きく成長したご報告と感謝のために、大人へと成長する節目として厄難を祓い、知恵と福徳を授けてくださる虚空《こくう》蔵菩薩《ぞうぼさつ》に参拝します。「知恵《ちえ》詣り」「知恵もらい」などともいうようです。

小学校を卒業して中学校へ入学する春頃に寺社に詣でます。

健康と知恵と福徳が備われば、大方の苦労はのり越えられるのでしょう。知恵や知識を授かりたいと思う前向きな気持ちは、人生を豊かにするためにも必要なことで、精神的にも経済的にも財産のひとつになります。

親は、子どもの多福、開運を祈り、成熟した大人となって幸せな人生を送ってほしいと願います。

# おむすび

春らしい桜の香りににっこり
食欲をそそる焼き味噌の香り

材料　2人分

ご飯…茶碗4杯分
梅干し、桜花の塩漬け…各適量
赤味噌…適量

**1**　桜花の塩漬けはサッと水洗いして塩をとり除く。粗く切り、炊きたてのご飯半量に混ぜる。

**2**　梅干しは、粗くみじん切りにし、残りの炊きたてご飯に混ぜる。

**3**　**1**と**2**それぞれを三角型のおむすびに握る。ふわっとやさしく握って軽く成形する。

●デンプンで米粒同士が接着するので、やさしく成形するだけで形になる。米粒をつぶすほど握るとおいしくなくなる。

**4**　赤味噌は、よい香りが立つ程度にバーナーで表面を炙り、おむすびに添える。好みで味噌をつけて食べる。

●おむすびに使うご飯は炊きたてで適度に水分が抜けた状態がよい。

＜おむすびの語源は？＞

「おむすび」の語源は一説に、神様と人間を結ぶことからきているといわれます。知恵の神様とご縁を頂戴できるように祈り、「おむすび」をいただくのもよいでしょう。梅は腹痛予防に。味噌は発酵食品で分解されているので消化吸収がよく、体調を回復させてくれます。桜花で香りを添えて。

# 春野菜とささ身のサラダ

良質なたんぱく質のささ身で作る、さっぱりサラダ

材料　4人分

鶏ささ身…4本
じゃが芋…1個
サヤエンドウ…10本
**A**　クリームチーズ（常温にもどす）…60g
マヨネーズ…小さじ1
ヨーグルト、牛乳…各大さじ2
パセリ…適量

**1**　鶏ささ身はスジをとらず沸騰した湯に入れ、蓋をして20秒ほど強火で加熱してから火を消し、そのまま12分ほどおいて余熱で火を通す。

**2**　水気を切った**1**を手でもんで柔らかくしてから大き目にほぐしてスジをとり、塩と胡椒（分量外）で味を調える。

**3**　じゃが芋は皮をむいて薄切りにし、サヤエンドウはスジをとる。一緒に1分茹でて水気を切る。

**4**　**A**の材料は、クリームチーズをヘラかスプーンの背で押しつけるようにしてペースト状にしてから混ぜ合わせてなめらかにする。**2**と**3**を加えて混ぜ合わせ、器に盛りつける。

# 牛蒡のスープ

ごぼうの香りがよい
繊維が多くデトックス効果も

材料　5人分

ごぼう…1本
玉ねぎ…100g
太白胡麻油…大さじ2
調味出汁（→31頁）…1ℓ
片栗粉…大さじ1

**1**　ごぼうと玉ねぎを小さく切り、太白胡麻油で炒める。

●春ごぼうは香り高く、肉質が柔らかいのが特徴。

**2**　**1**を鍋に入れて調味出汁を加え、柔らかくなるまで煮る。ブレンダーでピューレ状にする。

**3**　**2**を鍋にもどして熱々に加熱し、同量の水（分量外）で溶いた片栗粉を入れてとろみをつける。

幸せを願う
行事食

# お誕生日会

- コールスローサラダ
- アスパラ肉巻きオリーヴオイルフライ
- お豆カレー
- 胡桃とおからのケーキ
- フルーツミックススムージー（→38頁）

生まれた日のお祝いをすることは、自分を大切にすることに繋がります。この1年をどういう年にしようか、改めて自分をふり返り、ひとつ年を重ねた自覚を持つ機会にできるとよいですね。

どの人も同じように年をとりますが、それぞれの時間の重ね方が年を追うごとに表情や言葉に表れます。努力している人は相手の苦労がわかり、包容力が身につくことに繋がることも多いかと思われます。

自分はどうしたいのか、自分を大切にしているかなど、常に自分に問いかけながら充実した時間を重ねていけるといいですね。

近年ではケーキにロウソクを立ててお祝いしますが、楽しい思い出に繋がればとても嬉しいお誕生日になります。幸せを感じる要素はたくさんあった方がより幸せになれるように感じます。

# コールスローサラダ

切って混ぜるだけ
消化吸収を助けるサラダ

材料　4〜6人分

新玉ねぎ…50g
人参…50g
塩…小さじ¼
キャベツ…250g
A
- きび糖…大さじ½
- 米油…45cc
- 米酢…20cc
- 塩…小さじ¼

パセリ…適量

1　新玉ねぎは繊維に沿って薄くスライスし、人参は玉ねぎと同じくらいの長さにしてごく薄くせん切りにし、合わせて塩小さじ¼でもんで余分な水分を絞る。

2　キャベツは4㎜幅のせん切りにする。微妙な大きさが漬け込んだ野菜の柔らかさに影響する。野菜の切り方に気をつけること。

3　Aと細かく切ったパセリを密閉袋に合わせ入れてよく混ぜ、1、2を加えて袋ごともんで馴染ませる。1時間ほど寝かせる。器に盛りつける。

# アスパラ肉巻き オリーヴオイルフライ

アスパラは疲労回復によく
毛細血管を丈夫にする

材料　6人分

アスパラ…中6本
黒豚バラ薄切り肉…12枚
胡椒…少々
オリーヴオイル、塩…各適量
衣
- 国産小麦粉、卵、パン粉…各適量

1　アスパラは根元を少し切り、ガクはピーラーで軽くとり除く。1本を4〜5等分にし、2〜3切れずつを芯にして黒豚バラ薄切り肉を1枚ずつ巻きつけ、胡椒をふる。

2　1に国産小麦粉、溶き卵、パン粉の順に衣をつける。

3　2が半分隠れるくらいの量のオリーヴオイルを鍋に入れて熱し、2を高温でカリッと揚げる。塩を適宜ふって食べる。

● パーティをする際、あらかじめお客様がいらっしゃる数時間前までに下処理しておくと直前にバタバタせずにすむ。

# お豆カレー

**大豆たっぷり**
**子どもから老人まで満足**

材料　6人分

玉ねぎ…皮を除いて130g
牛小間切れ肉…200g
蒸し大豆（市販）…100g
小麦粉…大さじ4
カレー粉…大さじ2
米油…適量
A 水…700cc
　ブイヨン…2個
　ブーケガルニ…適量
B ケチャップ、チャツネ
　…各大さじ2
　ウスターソース…大さじ2

**1** 玉ねぎは粗みじん切りにする。フライパンに適量の米油を引き、玉ねぎが透き通るまで炒める。
**2** **1**に牛小間切れ肉を加えて炒め、肉が白っぽくなったら**A**を加える。
**3** 別鍋に米油大さじ**2**を入れ、小麦粉を焦げ茶色になるまで炒めたらカレー粉を加えて炒め、カレー粉が馴染んだら**3**の煮汁をお玉1杯くらいずつ加えては混ぜてのばす。
**4** **2**に**3**と蒸し大豆、**B**を加えて15分ほど煮る。辛いのが苦手な子ども用にはフルーツチャツネを多めに入れる。

# 胡桃とおからのケーキ

**栄養があり、素朴な味わい**
**ロウソクを飾ればお祝い用に**

材料　直径18cm円形型1台分

おから…100g
A 胡桃パウダー…50g
　シナモンパウダー…小さじ1/2
B 卵…3個
　黒糖…60g
C ラム酒…大さじ1
　オリーヴオイル…大さじ5
胡桃…40g

**1** オーヴンを180℃に予熱しておく。
**2** ボウルにおからと**A**を入れてよく混ぜる。
**3** 別のボウルに**B**を入れ、湯煎にかけて37℃になるまでハンドミキサーで泡立てる。**C**を加えてさらに攪拌する。
**4** **2**に**3**を加え、泡をつぶさないようにゴムベラで切るように混ぜる。
**5** ケーキ型の内側にバターを薄く塗り、小麦粉（以上分量外）をふる。
**6** **5**の型に**4**の生地を流し入れ、細かく砕いた胡桃をのせ、180℃で約25分焼く。竹串を刺して生地がつかなければ焼成完了。

＜おからは栄養価が高い＞
豆腐や豆乳を作る際に出る豆のカス、おから。栄養がたっぷり含まれているのにもかかわらず、家畜の飼料や廃棄処分にされるのはもったいない限り。廉価でもあり、いろいろ調理して使いたいものです。

## 沙和花（さわか）

2006年より季節を意識した花と料理とテーブルコーディネートの教室「沙和花」を主宰。医食同源を意識した季節の料理と花を通し「暮らしの美意識」を提案してきた。教室のほか、講演、企業へのレシピ提案も手がけ、また婦人画報、「中日新聞社・冊子レインボー」などのメディアへの掲載・寄稿も多数。「フラワードームフラワーデザインコンテスト」金賞ほか受賞多数。グルマン世界料理大賞2018おもてなし部門世界1位受賞。著書に『美人のレシピ　簡単美味しいお料理』（フォーシーズンプレス社刊）、『美人のレシピその弐　日本の行事食』（草土出版刊）がある。
2019年には、日本の自然が育んだ文化を伝える「一般社団法人 季の文化継承協会」を立ち上げ、同年秋にその理事に就任。同協会では沙和花の考え方を踏襲したテーブルスタイルを教える「膳講師」、フラワーアレンジを指導する「華講師」の養成・資格発行も行う。

教室「沙和花」
季節の料理、季節の花を使ったフラワーデザイン、日本の基本的な礼法、歳時をとり入れたテーブルスタイルなど、初心者向けから多彩なテーマのレッスンを展開。
http://www.sawaka.design/


STAFF

撮影　海老原俊之
スタイリング　沙和花
デザイン　久保多佳子（haruharu）
編集　猪俣幸子（ino オフィス）

にっぽんの子ども食
—— 62 品の季節のレシピつき

発行日　2019 年 9 月 30 日　初版発行

著　者　沙和花《さわか》

発行人　白澤照司
発行所　株式会社 草土出版
〒 171-0033　東京都豊島区高田 3-5-5
ロイヤルパーク高田 206
電話　03-6914-2995
FAX　03-6914-2994
草土出版ホームページ　http://www.sodo.co.jp/

印刷　株式会社 博文社




ISBN978−4−434−26475−7 C2077